2021年版
プロ野球
問題だらけの
12球団

小関順二

草思社

カバー写真撮影　田寺　龍

はじめに

昨年、全国の野球場からファンの歓声が途絶えた。高校野球は春、夏の甲子園大会、秋の明治神宮大会だけでなく多くの都道府県大会や地区大会が、大学野球は夏の全日本大学野球選手権、秋の明治神宮大会をはじめとして、東京六大学、東都大学など多くのリーグ戦が、そして社会人野球は東京オリンピックの影響で毎年夏に行われる都市対抗が秋に回され、秋に行われる日本選手権が夏に回されたが、両大会とも行われることはなかった。世界中に感染が拡大した新型コロナウイルスの前にアマチュア野球界はなす術もなかった。

それでもプロ野球は行われた。両リーグ揃って6月19日に無観客で開幕し、7月10日には最大5000人に制限した有観客、9月中旬には球場の収容人数の50パーセントまで幅を広げ、日本シリーズは全4試合が1万人台の有観客で行われた（最も入ったのは第4戦の1万9679人だった）。

例年なら各球団が143試合戦うが、2020年は120試合制で行われた。緊急事態には違いないが、メジャーリーグは日本よりさらに少なく、60試合制で行われているので健闘していると言っていい。ちなみに優勝したのは前年同様、セ・リーグは巨人、パ・リーグはソフトバンクで、日本シリーズではソフトバンクが2年続けて負けなしの4連勝を果たし、プロ野球を取り上げるメディアで〝パ高セ低〟の論議が巻き起こった。それについてはこのあとの特集で掘り下げているのでお読みいただきたい。

新型コロナウイルスは野球だけでなくあらゆるスポーツ界の活動を停止させた。20年夏に行われる予定だった東京オリンピックは翌年に延期されたが、ウイルスの感染が収まらなければ最悪中止もあり得ると、早い時期から言われていた。21年1月7日に東京、神奈川、埼玉、千葉の1都3県に新型コロナウイルス感染症緊急事態宣言が発令され、14日には栃木、岐阜、愛知、京都、大阪、兵庫、福岡の2府5県まで拡大され、開催を危ぶむ声は後を絶たない、というのが1月現在の状況である。

現在の陽性者、重傷者、死亡者数は最初の緊急事態宣言が発令された20年4月とは比較にならないほど多くなっている。それは東京オリンピックのみならず、センバツ甲子園大会の開催にも影を差す。もし、2年続けてセンバツ大会が開催されなかったら太平洋戦争で中断された42（昭和17）～46年以来の出来事である。もちろん、WBC（ワールド・ベースボール・クラシック）の開催も危機的状況にあり、代表選考の動きが伝わってこないのは当然である。

昨年の今頃ならオリンピックやＷＢＣの二塁手は山田哲人（ヤクルト）で間違いなかった。それが1年経過して浅村栄斗《ひでと》（楽天）が肩を並べる勢いにあり、外野手は鈴木誠也（広島）、柳田悠岐《やなぎたゆうき》（ソフトバンク）、丸佳浩（巨人）の牙城に吉田正尚《まさたか》（オリックス）が割って入っている。1年経てば球団の勢力図ばかりでなく選手の勢力図も変わってくるのは当然である。そういうプロ野球界の現状や未来予測を、本年版では新型コロナウイルスの動静をできる限り遠ざけて語っていこうと思う。

現在のプロ野球界を取り巻くマスコミ、ファンの最大の関心事は〝パ高セ低〟現象だろう。2リーグになった50年以降の日本シリーズの勝敗を10年区切りで見ていくと次のようになる（1回の勝ち越しを1勝とする）。

50〜59年	セ5勝―パ5勝
60〜69年	セ8勝―パ2勝
70〜79年	セ6勝―パ4勝
80〜89年	セ5勝―パ5勝
90〜99年	セ5勝―パ5勝
00〜09年	セ5勝―パ5勝
10〜19年	セ1勝―パ9勝

——20年　セ0勝——パ1勝

どちらか一方が突出していたのは1960年代のセと2010年代のパだけで、通算成績はセの35勝、パの36勝と拮抗している。セとパの人気格差が開いていた時期（とくに巨人が強かった60～70年代）に生まれた鬱憤《うっぷん》、恨みが古い世代のファンにはあり、それがよく言えばリーグ間の対抗心を煽《あお》り、プロ野球人気につながっていたが、日本シリーズや交流戦でセ・パの勢力図が逆転すると、かつての鬱憤・恨みがリミットを超えて溢れ出し、実際の実力差以上にパ高セ低が叫ばれる。プロ野球はファンの年齢層が高いので、他のスポーツより昭和時代の記憶が現在の状況に反映されると思う。

2リーグ制になってからの動きを見れば、どちらか一方が突出するのは〝変事〟だということがわかる。V9巨人に叩かれ続けた阪急は75～77年に日本シリーズで3連覇を果たし、92年に西武に惜敗したヤクルトは93～01年の9年間で4回、日本一を達成している。常勝チームの戦略やチーム作りに取り組んで相手を上回るというのは、2リーグ制以降のプロ野球の健全さを物語っている。それをこれからのセ・リーグ各球団にも期待したい。

２０２１年１月22日

小関　順二

２０２１年版 プロ野球 問題だらけの12球団 目次

パシフィック・リーグ　戦力徹底分析！

セントラル・リーグ　戦力徹底分析！

この本の構成と楽しみ方

12球団を均等に徹底批評

▶本書は2000年より毎年「年度版」として刊行され、今年で22冊目を迎えるシリーズである。本書の特徴は、セ・パ12球団に均等なページを割いて批評した点。また、各球団の現状だけでなく、数年先の野球界も俯瞰《ふかん》しながら、客観的に選手やチームの実力を見定め、批評した。

▶88年以来33年間にわたり、常に批評することを意識してプロ・アマ合わせて5500試合以上を球場で観戦してきた。本書はその折々に書きとめた「観戦ノート」をもとに各球団の戦力分析をしたものである。一軍のみならず、二軍やアマチュアの試合にも注目するのは、長期的な視野で選手を見ようとしているからだ。

▶各球団解説の構成はすべて、「総論」「スタメン分析」「ピッチングスタッフ分析」「直近のドラフト分析」からなる。球団の順番は昨年の日本シリーズ勝者・ソフトバンクに敬意を表し、パ・リーグの上位チームからスタートしている。なお、本文中にはさまざまな数字が登場するが、野球は他のスポーツにくらべ記録の面白さを追求する側面を持っている。私も数字の魅力に取りつかれている人間なので、本書中で多く紹介している。

「巻頭特集」

▶今年も巻頭に特集ページを設けた。テーマは現在のプロ野球に議論を巻き起こしている「パ高セ低」。はじめにでも触れたが、1回の日本シリーズの勝ち越しを1勝とすると2020年までの成績はセ35勝、パ36勝と互角。それが03年以降の18年間ではパの15勝3敗と大差がついている。その格差の原因を戦術、選手のスペック（能力）別に比較してみた。世論を賑わしているセ・リーグの指名打者制度採用は賛成だが、パ高セ低の最大要因が指名打者制度にあるとは思わない。

▶特集のパ高セ低を受けて、ここでは世界大会でのジャパン代表メンバーを考えてみたい。現在のリーグ格差を見れば国際大会の代表メンバーはパ・リーグ中心になってもいいが、たぶんそうはならない。セ・パのバランスとか、できるだけ多くの球団から選出しようとする「バランスファースト」の意識が高いからだ。セ・リーグ勢を奮い立たせるためにも、五輪、WBCが行われたら、現在の実力差の通りにパ・リーグ勢中心で代表を選出するべきだ。たとえば投手陣10人なら千賀《せんが》滉大《こうだい》、石川柊太《しゅうた》、森唯斗《ゆいと》（ともにソフトバンク）、松井裕樹（楽天）、宮西尚生《なおき》（日本ハム）、増田達至《たつし》（西武）、山本由伸《よしのぶ》（オリックス）、菅野智之（巨人）、今永昇太（DeNA）、森下暢仁《まさと》（広島）というメンバー選出だ。セ・パ半々、のようなメンバー構成で国際大会を勝ち抜くことはできないし、セの選手の反発心も生まない。

2021年版プロ野球

巻頭特集

「パ高セ低」は なぜ生まれたのか？

2004年に勃発した球界再編騒動がセは悪役、パは善玉のイメージを植えつけた

2年続けてソフトバンク対巨人の対戦になった昨年の日本シリーズ、結果はご存知のように前年に続いてソフトバンクが負けなしの4連勝を飾り、それ以降、各方面から「パ・リーグはセ・リーグより強い」という声が湧き上がった。このパ高セ低の原因を探るために、時間を2004年までさかのぼってみよう。

球界を1リーグに再編することを前提にしたオリックスと近鉄の合併が発表されたのは04年6月13日のこと。この球界再編を構想したのは渡邉恒雄・当時巨人オーナーで、オリックス・近鉄の合併以外にもロッテ&ダイエー（現ソフトバンク）、ロッテ&西武、ロッテ&横浜（現DeNA）、ロッテ&ヤクルトの合併話が一部マスコミを賑わせ、この流れに選手会、マスコミ、ファンが反発し、近鉄に代わる新球団の参入を訴える選手会は04年9月18、19日に史上初となるストライキを敢行、マスコミやファンはそれを支持した。

冷静に考えれば1リーグ制は年間の赤字が20～40億円とも言われたパ・リーグ各球団の願いだったが、先頭に立って旗を振ったのが巨人オーナーなので、巨人がパ・リーグを消滅させようとする悪役、パ・リーグ各球団はその波に飲まれようとしている善玉、という

構図が出来上がってしまった。

野茂英雄のドジャース入り以降、伊良部秀輝、佐々木主浩《かづひろ》、イチロー、石井一久、松井秀喜など、日本の一流選手のメジャー移籍が加速化していた時代である。資金力のある会社が一致団結しなければ日本人選手のメジャー流失はさらに続く、渡邉恒雄の球界再編構想の根底にはそういう思いがあったはずだが、マスコミもファンもそこには注目しなかった。

05年、プロ野球界に相次いで変革の波が襲いかかった。経営難に喘《あえ》いでいたダイエーをIT業界のソフトバンクが買収し、同じくIT業界の楽天が新球団として消滅した近鉄に代わってパ・リーグに参画し、前年の04年には日本ハムが本拠地を東京ドームから北海道の札幌ドームに移し、それぞれ福岡ソフトバンクホークス、東北楽天ゴールデンイーグルス、北海道日本ハムファイターズと、チーム名に道・県名、地区名が冠された。

ドラフト制度にも変革の波は押し寄せた。まず、プロを志望する高校生にはドラフト前にプロ野球志望届の提出が義務づけられ(07年以降、大学生にも義務づけられる)、有力な大学生と社会人に認められていた「希望する球団を選べる権利=希望枠」は06年限り、また高校生と大学生&社会人を別々に指名する「分離ドラフト」(05年〜)は07年限りで廃止され、08年以降は希望枠も分離ドラフトもない統一ドラフトで行うように決定された。それらはセ・リーグの人気球団に有力選手が集まる不公平感を払拭しようとする動きでもあった。

水増しで行われていた観客動員の実数発表も05年から実施された。セ・リーグは04年＝1377万人→05年＝1167万2571人、パ・リーグは04年＝1068万4000人→05年＝825万2042人でわかるように観客動員数はそれぞれ200万人以上減少しているが、私の印象では実際に球場を訪れる観客は3～4割増加していた。

19年にはセが1486万7071人（1試合平均＝3万4655人）、パが1166万9891人（1試合平均＝2万7203人）に達し、関東地方では地上波で巨人戦の中継が見られなくなった代わりに衛星放送のBSやCS、さらにテレビ画面だけでなくパソコンやスマホの画面でもほとんどの試合が見られるようになった。こういう現実を見ず、いまだに「人気がなくなったプロ野球」とコメントする識者がいることに驚かされる。

セとパがシーズン中に真剣勝負する交流戦が始まったのも05年からだ。人気格差に泣いてきたパ・リーグにとって交流戦は悲願とも言えるイベントで、05年以降の15年間でパは14勝1敗と大きく勝ち越している（20年は新型コロナウイルスの影響で中止）。

また、世界の国々が世界一の名誉をかけて戦うWBC（ワールド・ベースボール・クラシック）の開催が発表されたのも05年で、日本は第1回（06年）、第2回（09年）大会で2連覇を達成し、プロから少年野球まで含むベースボールの総合評価「WBSC世界ランキング」は14年以降、1位にいることが多い。

ペナントレースの上位3チームで日本シリーズ出場を争うプレーオフをパ・リーグが導入したのも04年である。日本シリーズまで調整程度の練習しか行わないセの優勝チームに対し、パのペナントレース1~3位チームは第1ステージ、第2ステージをくぐり抜けて日本シリーズの舞台に立った。そういうチームが04~06年の日本シリーズを制したのは当然で、07年以降は呼称が「CS（クライマックスシリーズ）」となり、セも参加して行われている（20年は新型コロナウイルスの影響でパ・リーグだけが上位2チームでCSを戦った）。

04年以降の流れがパ・リーグ優位に動いているのがおわかりいただけるだろうか。戦術や選手のスペックを除く精神的な部分だけ見れば、再編騒動の舞台で巨人が悪役を演じたことが現在の「パ高セ低」を作った最大の原因だと思う。冷静に考えれば、経済的な停滞が続く球界を変えようとしたのは巨人で、パの各球団は最初その再編の流れに乗ろうとしていただけである。しかし、再編騒動のあとの変革の流れにうまく乗ったのはパのほうで、セは悪役のイメージのまま留め置かれ、選手はパに対して萎縮しているように見える。この流れはいつまで続くのだろうか。

交流戦、日本シリーズで「実力のパ」が確立。パのDH制導入以降の30年間の日本シリーズはセパ五分五分

交流戦は1年間の勝ち越しを1勝とすると14勝1敗、日本シリーズは05年以降で見ると13勝3敗、いずれもパ・リーグが大きく勝ち越している。この状態が長く続くことはよくないと思っている。グローバル化が進んで野球界の究極の目標はセ・パの争いではなく、WBCやオリンピックなど国際大会で優勝することに変わっている。そのためにはセとパが高いレベルで競って、世界に通用する選手をどんどん輩出しなければならないが、現実には真逆のことが起こっている。戦術面やスペック面を比較して、セはパにくらべて何が不足しているのだろうか。指名打者制度がパ高セ低の一因、という意見があるので、パがこの制度を導入した75年から10年ごとに区切って日本シリーズの成績を紹介しよう。

75〜84年　セ5勝—パ5勝
85〜94年　セ4勝—パ6勝
95〜04年　セ6勝—パ4勝

75年以降の30年間は15勝15敗の五分なので、指名打者制度がパ高セ低の一因とは思えない。ただ、指名打者制度のないセはドラフトで野手を指名するとき守れる選手を指名した

がり、中村剛也《たけや》（01年西武2巡）、T－岡田（05年高校生ドラフト・オリックス1巡）、渡部健人《わたなべけんと》（20年西武1位）のような打つことに特化した選手は指名しづらい。

2リーグ制が始まった50年以降の71年間の成績も見てみる。セは35回日本一になり、その内訳は巨人が22勝、ヤクルト5勝、広島3勝、中日2勝、DeNA2勝、阪神1勝とアンバランス。それに対してパは36回日本一になり、その内訳は西武13勝、ソフトバンク11勝、オリックス4勝、ロッテ4勝、日本ハム3勝、楽天1勝と分散している。セ各球団の「巨人頼み」の体質が日本シリーズの優勝回数に色濃く反映されているのがわかる。

パ高セ低の気配をいち早く察知したようにテレビは大きく変貌した。50年代から04年までの約50年間、関東でのプロ野球のテレビ観戦はほぼ巨人戦に限られていた。それが02年オフに松井秀喜がFA権を行使してヤンキースに移籍するとその後の関東地区での巨人戦の視聴率は下降線に転じ、現在では私たちの日常から遠ざかった。大阪へ行けば朝日放送、毎日放送、関西テレビで毎日のように阪神戦を中継し、名古屋へ行けば中日戦、札幌、仙台、福岡では地元の地上波でパ・リーグの中継を見ることができる。「野球人気がなくなった」とは、「関東地区で巨人戦の野球中継が見られなくなった」と言うべきで、テレビという媒体が以前のように絶対ではなくなった現実も表している。もちろん、球界における巨人の影響力も以前ほど絶対的ではなくなった。

パ高セ低の仕組みがだんだん明らかになってくる。「アイデンティティ」という英語は、「人格における同一性」と和訳されるが、巨人戦なしではみずからの存在を証明できないセ各球団は明らかにアイデンティティを喪失している状態と言える。そして、日本シリーズで２年続けてソフトバンクに勝ちなしの４タテを食らっている巨人自体のアイデンティティも危うくなっている。「パ高セ低」は、04年を境に大きく変貌したプロ野球界の中で自らの存在を証明できないセ６球団の迷いを反映した姿と言い換えてもいい。

攻撃的精神を象徴する「投手の死球」と「野手の盗塁」にセパで大きな差が

パ高セ低を戦術面でも考えてみたい。一言で言えば、両リーグの「攻撃的精神の差」が成績に反映されているのではないか。攻撃的精神を最も象徴するのが投手では与死球、打者では盗塁である。昨年、死球数はセの２１８個に対しパは２６５個だった。個人で７与死球を超えているのがセでは菅野智之（巨人）の７個だけで、パは12個の石川柊太《しゅうた》（ソフトバンク）、９個の高橋礼（ソフトバンク）、８個の平良海馬《たいら かいま》、ニール（ともに西武）、７個の髙橋光成《こうな》（西武）、田嶋大樹《た じまだいき》（オリックス）と６人いる。

以前、梶谷隆幸《たかゆき》（当時ＤｅＮＡ、現巨人）を取材したとき、「パ・リーグの打者は内角攻めに慣れているのでは」と聞くと、「球場が広い分、パ・リーグの投手は内角を厳しく突けるのではないか」と言い、さらにセ・リーグの配球は「セオリーは外で、ときたま内に放ってくる」と答えてくれた。現在は千葉、福岡の球場にテラス席が設けられ広さに差はなくなっているが、パの内角に投げる基本線は変わっていない。

16年以降のセ、パ与死球の推移を次に紹介する。

	16年		17年		18年		19年		20年
セ	286	→	293	→	288	→	291	→	218
パ	305	→	273	→	336	→	342	→	265

17年以外はパの与死球が上回り、その差は18年以降は50前後もある。セで最も多く死球を与えているのは59個の巨人で、パで最も多いのは56個のソフトバンク。強いチームほど積極的に内角を攻めているのがわかる。20年の日本シリーズではソフトバンクの捕手、甲斐拓也が積極的に打者の内角を攻め、巨人の主軸、坂本勇人《はやと》、丸佳浩、岡本和真を封じ込んだのは記憶に新しい。

全体的に見れば、セにくらべてパの投手のストレートは速く、打者のスイングも強い。柳田《やなぎた》悠岐《ゆうき》（ソフトバンク）、中田翔（日本ハム）、吉田正尚《まさたか》（オリックス）、山川穂高（西武）、浅村栄斗《ひでと》（楽天）のような激しいフルスイングがセでは山田哲人（ヤクルト）くらいしか見られない。岡本和真（巨人）、鈴木誠也（広島）、村上宗隆（ヤクルト）でさえ私にはインパクトで押し込む強さが不十分だと思える。強烈に腕を振って150キロ以上のストレートを投げる投手が少なければ、フルスイングで対抗する打者が少なくなるのは当然である。

攻撃面で最も攻撃的精神が現れる盗塁数でも両リーグでは差がある。16年以降の推移を見ていただきたい。

セ　448→404→433→429→362
パ　573→441→600→540→513

メジャーリーグでは失敗率3割の盗塁を有効な戦術として見ていないようで、日本ハムとロッテで日本一になったヒルマン（元日本ハム）とバレンタイン（元ロッテ）でさえ監督就任当初はシーズン2ケタからスタートし、日本一になった05年（ロッテ）、06年（日本ハム）に初めて100個を超えている。最後まで盗塁に価値を見出せなかったラミレス・DeNA前監督とは対照的である。

20年は巨人80、阪神80、ヤクルト74、広島64、中日33、DeNA31のセに対して、パはソフトバンク99、オリックス95、ロッテ87、西武85、日本ハム80、楽天67という多さで、パはセに年間150個以上の差をつけている。「DHだから」「入札したドラフト1位のくじ運が強いから」……等々、パ高セ低の原因はさまざまに議論されているが、攻撃的精神が両リーグではまったく異なるというところにセ・リーグの各監督はきちんと目を向けたほうがいい。

こういう違いはもちろんプレーしている選手の違いでもある。ドラフト1位で競合を覚悟して桁違いの剛腕やスラッガーに向かっているのか、あるいは60～70点の活躍が期待できる大学生、社会人に向かっているのか。そういうドラフト時の姿勢の違いが現在の「パ高セ低」現象を生み出している大きな理由だと私は思う。

高卒をドラ1指名することが多いパ・リーグ。そこから育った主力がメジャー流出しても弱くならない現実

MLBへの挑戦も冒険心を測る目安になる。草分け的存在の野茂英雄（元近鉄）に始まり、イチロー（元オリックス）、ダルビッシュ有、大谷翔平（ともに元日本ハム）、田中将大《まさひろ》（今季より楽天に復帰）を見ればひと目でパの選手のスケールの大きさがわかる。

メジャーリーグへの移籍は本人の希望だけでは実現しない。メジャーリーグがほしがるピッチングのスケール、バッティングのスケール、そういうものをパの選手のほうが備えていて、自覚している、ということだろう。そして、メジャーに移籍する大物は高校卒が多かった。出自別に主な選手を見ていこう。

◇高校卒……伊良部秀輝、吉井理人《まさと》、大家友和、イチロー、新庄剛志、石井一久、松井秀喜、松井稼頭央、城島健司、岩村明憲《あきのり》、松坂大輔、ダルビッシュ有、岩隈久志、田中将大、前田健太、大谷翔平、菊池雄星

◇大学&社会人出身……野茂英雄、長谷川滋利《しげとし》、佐々木主浩、田口壮、大塚晶則、井口資仁《ただひと》、斎藤隆、福留孝介、黒田博樹、上原浩治、*田澤純一、高橋尚成、青木宣親《のりちか》、平野佳寿《よしひさ》、秋山翔吾

高校卒17人、大学&社会人出身15人(田澤純一含む)と僅差だが、1人ひとりのチーム内での存在感、つまりスケールの大きさは高校卒が勝っている。高校生のプロでの成功率は低いが、メジャーリーグに移籍して活躍する選手も多い。そういう0か100かの覚悟で高校生を1位指名するのがパの伝統と言ってもいいだろう。

統一ドラフトになった08年以降の13年間、1位指名した高校生はセの26人に対してパは32人と、やはりパのほうが多い。この中でタイトルを獲得しているのは筒香嘉智《よしとも》(DeNA→レイズ)、菊池雄星(西武→マリナーズ)、山田哲人(ヤクルト)、藤浪晋太郎(阪神)、大谷翔平(日本ハム→エンゼルス)、森友哉(西武)、松井裕樹(楽天)、岡本和真(巨人)たちで、今宮健太(ソフトバンク)、村上宗隆(ヤクルト)もチームになくてはならない存在になっている。

各球団の高校卒の占める割合はどうだろう。スタメン候補の中に最も高校卒が多いのはセでは巨人だが、このうち中島宏之、丸佳浩、梶谷隆幸は他球団からの移籍だ。パはソフトバンクが甲斐拓也、中村晃、牧原大成《たいせい》、栗原陵矢《りょうや》、上林誠知《うえばやしせいじ》、川瀬晃《ひかる》の6人、西武は森友哉、中村剛也、栗山巧《たくみ》、木村文紀《ふみかず》の4人、日本ハムは中田翔、清宮幸太郎、渡邉諒《りょう》、中島卓也、大田泰示、西川遥輝、近藤健介の7人がスタメンの候補に名前を並べている。

投手陣は両リーグとも高校卒が少ないのでメジャーリーグまで見渡してピックアップしてみた。セは主力級の高校卒が前田健太（広島→ツインズ）、山口俊（巨人→ブルージェイズ）、西勇輝（阪神）にとどまるのに対し、パはダルビッシュ（パドレス）、田中将大（楽天）、大谷翔平（エンゼルス）、菊池雄星（マリナーズ）、千賀滉大（ソフトバンク）、山本由伸《よしのぶ》（オリックス）がいて、岩下大輝《いわしただいき》、二木康太《ふたきこうた》、種市篤暉《たねいちあつき》（ともにロッテ）、今井達也、髙橋光成、平良海馬（ともに西武）、松井裕樹（楽天）、上沢直之（日本ハム）の次期エース候補も控えている。

ここに紹介した日本球団所属の選手はいずれポスティングシステムを活用してメジャーリーグに進む可能性があるが、去られてもチームは弱体化しない。12年にダルビッシュがいなくなった日本ハムは16年に日本一になり、19年に菊池がいなくなった西武は同年にリーグ優勝し、セでも16年に前田がいなくなった広島は16〜18年にリーグ3連覇している。

中心選手が居続ければ新陳代謝は遅れるので、歴史的に見ればマイナス面のほうが大きい。そして主力のメジャー移籍に備えるためには、大学卒&社会人出身より主力に育つまでの時間的な猶予がある高校卒のほうが向いている。

巨人にスポットライトを当てると、21年はFA権を行使したDeNAの梶谷隆幸（外野手）、井納翔一《いのうしょういち》（投手）を獲得して、外国人はメジャーで96本塁打、韓国プロ野球で124本塁打のテームズ、メジャーリーグで196本塁打のスモークを獲得した。

阪神は韓国プロ野球で本塁打、打点の二冠を獲得しているロハス、そして韓国リーグ在籍の2年間で31勝している右腕のアルカンタラ、さらにロッテを自由契約になったチェン投手を獲得している。まるで巨人の写し絵のような補強で、素質のある選手をファームで育成するというソフトバンクが実践しているチーム作りの基本はかえりみられていない。

ヤクルトはソフトバンクを自由契約になった内川聖一（一塁手）を獲ったのはいいが、宮台康平（日本ハム）、近藤弘樹（楽天）、小澤怜史《こざわれいじ》（ソフトバンク）というパの球団から戦力外通告を受けた投手を獲得している。セ各球団の目は〝打倒パ・リーグ〟に向かっているのだろうか。パの最下位、6年連続Bクラスを低迷しているオリックスは今ドラフトで6人中4人の高校生を獲り、育成ドラフトで6人の選手を指名している。この差がパ高セ低を象徴しているように見えて仕方ない。

パシフィック・リーグ戦力徹底分析！

2021

2020年データ

チーム	勝	敗	分	勝率	差	打率	得点	防御率
ソフトバンク	73	42	5	.635	—	.249③	531②	2.92①
ロッテ	60	57	3	.513	14.0	.235⑥	461⑤	3.81②
西武	58	58	4	.500	15.5	.238⑤	479④	4.28⑥
楽天	55	57	8	.491	16.5	.258①	557①	4.19⑤
日本ハム	53	62	5	.461	20.0	.249②	493③	4.02④
オリックス	45	68	7	.398	27.0	.247④	442⑥	3.97③

※○内数字は順位
※クライマックスシリーズでは、シーズン1位のソフトバンクが同2位のロッテを3勝0敗で下し日本シリーズ進出

個人タイトル

MVP		柳田　悠岐(ソ)	
新人王		平良　海馬(西)	
打撃部門	打率	吉田　正尚(オ)	.350
	打点	中田　翔(日)	108
	本塁打	浅村　栄斗(楽)	32
	安打	柳田　悠岐(ソ)	146
	出塁率	近藤　健介(日)	.465
	盗塁	周東　佑京(ソ)	50
投手部門	防御率	千賀　滉大(ソ)	2.16
	勝利	千賀　滉大(ソ) 石川　柊太(ソ) 涌井　秀章(楽)	11
	勝率	石川　柊太(ソ)	.786
	HP	モイネロ(ソ)	40
	セーブ	増田　達至(西)	33
	奪三振	千賀　滉大(ソ) 山本　由伸(オ)	149

パ・リーグ2020年ドラフト会議指名結果

球団	順位	選手	守備	所属
福岡ソフトバンクホークス	1位	井上　朋也	内野手	花咲徳栄高
	2位	笹川　吉康	外野手	横浜商業高
	3位	牧原　巧汰	捕手	日大藤沢高
	4位	川原田　純平	内野手	青森山田高
	5位	田上　奏大	投手	履正社高
千葉ロッテマリーンズ	1位	鈴木　昭汰	投手	法政大
	2位	中森　俊介	投手	明石商業高
	3位	小川　龍成	内野手	国学院大
	4位	河村　説人	投手	星槎道都大
	5位	西川　僚祐	外野手	東海大相模高
埼玉西武ライオンズ	1位	渡部　健人	内野手	桐蔭横浜大
	2位	佐々木　健	投手	NTT東日本
	3位	山村　崇嘉	内野手	東海大相模高
	4位	若林　楽人	外野手	駒澤大
	5位	大曲　錬	投手	福岡大
	6位	タイシンガーブランドン大河	内野手	東京農業大北海道オホーツク
	7位	仲三河　優太	外野手	大阪桐蔭高
東北楽天ゴールデンイーグルス	1位	早川　隆久	投手	早稲田大
	2位	高田　孝一	投手	法政大
	3位	藤井　聖	投手	ENEOS
	4位	内間　拓馬	投手	亜細亜大
	5位	入江　大樹	内野手	仙台育英高
	6位	内　星龍	投手	履正社高
北海道日本ハムファイターズ	1位	伊藤　大海	投手	苫小牧駒澤大
	2位	五十幡　亮汰	外野手	中央大
	3位	古川　裕大	捕手	上武大
	4位	細川　凌平	内野手	智弁和歌山高
	5位	根本　悠楓	投手	苫小牧中央高
	6位	今川　優馬	外野手	JFE東日本
オリックスバファローズ	1位	山下　舜平大	投手	福岡大大濠高
	2位	元　謙太	外野手	中京高
	3位	来田　涼斗	外野手	明石商業高
	4位	中川　颯	投手	立教大
	5位	中川　拓真	捕手	豊橋中央高
	6位	阿部　翔太	投手	日本生命

福岡ソフトバンクホークス

石川柊太

充実したファームがあれば「即戦力」はいらない!?

年	シーズン順位	交流戦順位	観客動員数
2016	2位	1位	249万2983人(3位)
2017	1位	1位	252万6792人(3位)
2018	2位	4位	256万6554人(3位)
2019	2位	1位	265万6182人(3位)
2020	1位	—	53万2723人(2位)

*( )は12球団中の順位

選手の年齢構成（ソフトバンク）

年齢	投手	捕手	一塁手	二塁手	三塁手	遊撃手	外野手
18・19	田上奏大	牧原巧汰			井上明也	川原田純平	笹川吉康
20	渡邉雄大		小林珠維				
21					野村大樹		水谷瞬
22	古谷優人 田浦文丸 スチュワート 尾形崇斗 ロドリゲス			三森大貴	増田珠 リチャード		
23	津森宥紀	九鬼隆平					佐藤直樹
24	杉山一樹 泉圭輔 髙橋純平 笠谷俊介	谷川原健太 海野隆司				川瀬晃	柳町達
25	甲斐野央 松本裕樹	栗原陵矢			周東佑京		
26	板東湧梧 大竹耕太郎 高橋礼 椎野新 モイネロ						上林誠知
27	田中正義						真砂勇介
28	千賀滉大 武田翔太						釜元豪
29	奥村政稔 森唯斗	甲斐拓也		牧原大成			
30	石川柊太 川原弘之					今宮健太	
31	二保旭 東浜巨 レイ					髙田知季	
32	岩嵜翔 嘉弥真新也						中村晃
33							柳田悠岐
34							
35〜	サファテ 和田毅	髙谷裕亮	明石健志	川島慶三	松田宣浩		デスパイネ グラシアル 長谷川勇也 バレンティン

［註］ポジションは20年の一、二軍の守備成績を参考

他球団を断然引き離す育成ドラフト出身の顔ぶれ

チーム作りは、たとえば投手陣なら、先発6、中継ぎ6、抑え1、くらいの完成形を求めて選手を揃えていくが、ソフトバンクは違う。能力のある投手を役割（タイプ）に関係なくスカウティングし、ファームでしっかり育成して、そこから一軍での役割を与えていく。まずはたっぷり頭数を揃えて、そのあとに役割を与えていくやり方だ。どの球団もそれを理想形として描いていると思うが、それが不可能と言わないまでもとても困難だとわかっているから、現実的な構想（人数、役割分担）に向かっていかざるを得ない。

ドラフトは07年以降、選手が志望する球団を選べなくなっている。つまり12球団に公平である。それでも選手層に差が出てくるのは2つの要因しか考えられない。05年から導入された育成ドラフトと、彼らを育成する三軍の指導者と施設の差である。

育成ドラフトは05年から球界に導入された。育成出身者が一軍に輩出された人数を5年ごとに見ていこう。山田大樹《ひろき》、二保《にほ》旭《あきら》（05～09年）、千賀《せんが》滉大《こうだい》、牧原大成《たいせい》、甲斐拓也、釜元《かももと》豪《ごう》、＊亀澤恭平、石川柊太《しゅうた》（10～14年）、＊長谷川宙輝《ひろき》、周東《しゅうとう》佑《う》京《きょう》、大竹耕太郎（15～19年）という顔ぶれになる。他球団も散発的に出てくるが、コンスタントに輩出されているのはソフトバンクだけである（＊印は他球団で戦力になっている）。

　スタメン候補、ピッチングスタッフ候補の表で紹介したのは、野手では甲斐、周東、牧原、投手では千賀、石川、大竹の6人。他球団で辛うじて対抗しているのは、張奕《チョウヤク》、榊原翼《さかきばらつばさ》、漆原大晟《うるしはらたいせい》、大下誠一郎を揃えるオリックスくらいで、ロッテは和田康士朗《こうしろう》、柿沼友哉、西野勇士《ゆうじ》、西武は高木渉しか見当たらない。セ・リーグでも増田大輝、松原聖弥（巨人）、島本浩也（阪神）、国吉佑樹、砂田毅樹《よしき》（DeNA）、大盛穂《みのる》（広島）がいるくらいで、数だけでなく、ジャパン代表に名前が上がるようなビッグネームが多いのはソフトバンクだけ。

　こういう育成ドラフト出身の活躍を見ると、5年前に訪れた筑後市に作られたファーム施設を思い出してしまう。博多駅からJR鹿児島本線区間快速に乗って五十数分で筑後船小屋駅に降りると、そこは一面に畑地が広がり、町どころか人の気配もない。ここにソフトバンクのファーム施設「HAWKSベースボールパーク筑後」が鎮座しているのだ。

　メイン球場のタマホームスタジアム筑後は一軍の本拠地・福岡PayPayドームと同じ両翼100メートル、中堅122メートルの規模で（ホームランテラスはない）、フィールドは全面人工芝。隣接するサブ球場のホークススタジアム筑後第二も両翼、中堅とも同じ規模で、フィールドは外野が天然芝で内野が土。フィールドの違いをコーチに尋ねると、「若い選手は土のグラウンドでノックを受けないとうまくならないから」と即答された。

新型コロナウイルスの影響で巨人が主力のキャンプインを東京ドームで行うという記事を見たとき、筑後市のファーム施設なら野手は２つのグラウンドを使えるし、投手は屋内練習場に６レーンあるブルペンで投げ込みができると思った。このブルペンには各レーンにボールの速さや回転数などを計測するシステムが設置され、バッティングマシンはボールを自動補充できるので人手を要さない。つまり、１人で練習しても自分の状態を見極められる環境が整えられている。クラブハウス内にはリハビリ用の流水プールもあるから新型コロナウイルスの影響で宮崎キャンプができなくても十分、キャンプ地としての役割を果たすことができるだろう。

練習環境に資金を惜しみなく投入するソフトバンク方式は今、球界に浸透し始めている。西武、オリックス、ＤｅＮＡがファーム施設を拡充して、巨人、阪神も続こうとしている。こういう展開を見ていると、パ・リーグの強さはソフトバンクに牽引されているからではないか、と思えてくる。

育成出身の一軍未満には剛腕・尾形崇斗《しゅうと》と〝嘉弥真《かやま》２世〟の左腕・渡邉雄大《ゆうた》、そして昨年ファームで本塁打、打点の二冠に輝いたリチャード（旧名は砂川リチャード）も控えている。ソフトバンクの強さは他球団を絶望させる強さではなく、真似ができる強さである。言い換えれば日本の球界をレベルアップさせる強さと言っていい。

スタメン分析

外国人の来日が遅れてもびくともしない選手層の厚さ

充実した投手陣にくらべると、攻撃陣はまだ穏やかである。昨年のチーム打率・248は楽天、日本ハムに次ぐ3位で、打点500は楽天に次いで2位。チーム打撃成績で1位なのは本塁打（126本）くらいで、それも2位楽天の112本と大差はない。

もともとドラフトで投手を多く指名してきたので、野手の選手層が薄くなるのは仕方がない。それでも本多雄一の引退、内川聖一の移籍によって牧原や栗原陵矢《りょうや》がファームから上り、新旧交代が進んでいる。走塁のスペシャリスト、周東も代走要員ではなく、レギュラーを狙える選手として起用し、ジャパン候補まで引き上げている。

過去2回のドラフトでは19年が社会人出身の外野手・佐藤直樹（外野手）を1位で指名して、20年は1位井上朋也（花咲徳栄高・三塁手）、2位笹川吉康（横浜商高・外野手）、3位牧原巧汰（日大藤沢高・捕手）、4位川原田《かわらだ》純平（青森山田高・遊撃手）という指名。南海、ダイエー時代までさかのぼっても1～4位までオール高校生野手という指名はない。ダイエー時代の96年に敢行した1位井口忠仁《ただひと》（資仁。遊撃手）、2位松中信彦（一塁手）、3位柴原洋（外野手）という野手指名が思い出される。ちなみに、20年の5位は履正社高の田上《たのうえ》奏大《そうた》という本格派投手なので、支配下ドラフトは全員、高校生の指名ということになる。多くの球団がこだわる「即戦力」という呪縛はソフトバンクに限ってはなさそうだ。

今年の気懸りは新型コロナウイルスの影響で外国人の合流が遅れるかもしれない、ということ。グラシアル、デスパイネ、バレンティン（日本人扱い）の来日が遅れたら、ある時期まで日本人だけで戦わなければならない。大丈夫だろうか。

グラシアルが守る外野は柳田《やなぎた》悠岐《ゆうき》、栗原以外にも長谷川勇也、上林《うえばやし》誠知《せいじ》、柳町《やなぎまち》達《たつる》がいて、表に出ていない中にも釜元、真砂《まさご》勇介がいる。あるいは周東を外野に回して川島慶三、川瀬晃《ひかる》、三森《みもり》大貴《まさき》、今宮健太（表にはない）を空いた内野のポジションに充ててもいい。

スタメン候補

	［スタメン］	［控え］
捕	甲斐　拓也	九鬼　隆平
		海野　隆司
一	＊中村　晃	＊明石　健志
二	＊周東　佑京	川島　慶三
三	松田　宣浩	＊三森　大貴
遊	＊牧原　大成	＊川瀬　晃
左	グラシアル	＊長谷川勇也
中	＊柳田　悠岐	＊上林　誠知
右	＊栗原　陵矢	＊柳町　達
D	デスパイネ	

＊は左打ち

攻撃陣の一番の課題は今年38歳になる松田宣浩《ひろのぶ》の後釜探しである。30歳以降、他の媒体でも書き続けられてきたテーマだが、そのたびに松田は驚異的な反発力で成績を上げてきた。30歳になった13年以降とそれ以前の成績を比較すると、30歳代以降に成長曲線を上げた和田一浩（元中日など）と同タイプだとわかる。

06～12年（7年間）打率・272　安打655　本塁打88
13～20年（8年間）打率・266　安打1073　本塁打199

わかりやすく年数で割って1シーズンの成績にすると、20歳代が打率・271、安打93、本塁打13という平均的な選手だったのが、30歳代では打率・266、安打134、本塁打25と中軸クラスになる。それが、昨年は打率・228、安打90、本塁打13まで下がった。新型コロナウイルスの影響はあったと思うが、年齢を考えれば今度こそ真剣にポスト松田を探さなければならない。

リチャード　打率・229　安打57　本塁打12　打点47
野村大樹　打率・263　安打59　本塁打3　打点20

2人の成績は昨年のファームのもので、守備率はリチャードが・916、野村が・947。ポスト松田というにはあまりにもお粗末だが、逸材は段階を踏んで成長するのではなく、ある時期、一気に階段を駆け上がる。この2人に今年のドラフト1位、井上を加えた3人でホットコーナー争奪戦を演じてほしい。このポジションの新旧交代が高レベルで果たされるとソフトバンクの王座は本当に長期安泰になる。個人的には長打力のあるリチャードがどこかワンポジションに収まるところを見てみたい。

ピッチングスタッフ分析

逸材がどんどん輩出される夢のような陣容

外国人のムーア、バンデンハークが自由契約になり、加治屋蓮は阪神移籍でチームからいなくなった。左腕ムーアの不在は痛いが、入れ替わりで入団した前カブスの右腕レイは「いつか日本でプレーしたいという思いは、ここ数年気持ちの中にずっとありました」とコメントする親日家。ピッチングも150キロ台のストレートに勢いがあり、カットボール、カーブ、スプリットとのコンビネーションにも定評がある。バンデンハークによく似た本格派、という位置づけでいいと思う。

仮にレイが活躍できなくても、ホークス投手陣の安定感に揺るぎはない。私は選手名鑑を見ながら大ざっぱに戦力として計算できる投手をピックアップする。たとえばロッテなら、石川、美馬、二木《ふたき》、唐川、東條、東妻《あづま》、松永、西野、小野、ハーマン、小島、岩下、中村稔、益田、フローレス（故障の種市、有吉は保留に）の15人で、西武は今井、宮川、髙橋光、松本、浜屋、十亀、増田、平井、森脇、小川、ギャレット、ニール、平良の13人。大ざっぱに見てロッテのほうが投手の数は揃っていると判断する。

同じようにソフトバンクを見ると、大竹、津森宥紀《ゆうき》、二保旭、東浜巨《なお》、岩嵜翔、武田翔

ピッチングスタッフ			
[先発]	[中継ぎ]	[抑え]	[その他]
千賀　滉大	＊モイネロ	森　唯斗	＊笠谷　俊介
東浜　巨	高橋　礼		ロドリゲス
＊和田　毅	＊嘉弥真新也		武田　翔太
レイ	岩嵜　翔		＊大竹耕太郎
松本　裕樹	泉　圭輔		椎野　新
石川　柊太	杉山　一樹		

＊は左投げ

太、和田毅、高橋礼、石川、椎野新《あらた》、モイネロ、森唯斗、杉山一樹、千賀、髙橋純平、板東湧梧《ゆうご》、泉圭輔、嘉弥真新也、松本裕樹の名前が挙がり、予備軍にもスチュワート、甲斐野央《ひろし》、田中正義《せいぎ》、古谷優人《ゆうと》、渡邉雄大に新外国人のレイがいる。この20人を超える投手陣は壮観である。彼らを実績や可能性に応じて次のような「ピッチングスタッフ候補」に分類した。

豊富な投手陣の中でもリリーフの陣容は圧巻である。全国の野球ファンが息を飲んだのは負けなしの4連勝を飾った昨年の日本シリーズで見せたモイネロのピッチング。3試合（3回）に登板して被安打0、奪三振8、与四死球3、失点0という圧巻のピッチングを見せ、巨人ファンからは「どうやったら打てるんだ」という声が飛んだ。

このモイネロを唯一攻略したのが西武で、10月24日の試合では8回に3つの四球を選んでマウンドから引きずり下ろし、代わった岩嵜から中村剛也が満塁ホームランを放って自責点3をつけている。パ高セ低の一端が垣間見えるシーンだ。

先発、中継ぎ、抑え候補に入っていない武田、大竹、笠谷が「その他」に控えて、新外国人のキューバ人、ロドリゲスは育成選手として日本でのスタートを切る。MLBのドラフト1巡指名を蹴ってホークス入りしたスチュワートが一軍昇格してモイネロ、ロドリゲスとともに投手陣の柱になれば孫正義オーナーがスローガンに掲げる「めざせ世界一！」も夢物語ではない。この陣容はそれくらい夢がある。

ファームから逸材がどんどん輩出される姿を見ると、東浜がファームで苦しんでいた14、15年頃、永山勝・当時アマスカウトチーフから聞いた話を思い出す。永山さんは東浜が「やっと150キロが出るようになったんです」と言っていた。プロでは制球力、変化球の精度をスピードより上に見る価値観が存在するが、ソフトバンクではファーム選手の一軍昇格の基準をスピードに求めているのかと思った。そして今、内川の最終ゲームとして話題になった昨年11月1日に行われた阪神との二軍戦で田中正義が156キロを投げた記事が鮮明に思い出された。

投手の陣容に名前を入れていないが、中継ぎ要員に15年ドラフト1位の髙橋純平、16年1位の田中が入れば、「鳴り物入りで入団したドラフト1位が出てこない」という批判がなりを潜めることになる。ドラフト1位と育成出身が陣営の中で同居する可能性のある球団はソフトバンクだけである。

ドラフト分析

1位抽選負けでもすぐ将来性に舵を切る融通無碍の戦略

ソフトバンクの課題が攻撃陣の立て直しにあることは過去4年のドラフトを見ればわかる。2017年は清宮幸太郎（日本ハム・一塁手）を1位入札して抽選で敗れて安田尚憲《ひさのり》（ロッテ・三塁手）を指名、さらに抽選で敗れて馬場皐輔《こうすけ》（阪神）、吉住晴斗《はると》と指名を繰り返した。18年は小園海斗（広島・遊撃手）を1位で入札、抽選で負けて辰己涼介（楽天・外野手）を外れ1位で入札、それにも負けて甲斐野を指名し、19年は石川昂弥《たかや》（中日・三塁手）を1位で入札して、抽選で負けて社会人の佐藤直樹（外野手）に落ち着いた。

この野手狙いの戦略は20年も繰り返された。1位でアマチュアナンバーワンスラッガーの佐藤輝明《てるあき》（近畿大・三塁手）を指名し、この抽選に敗れると外れ**1位**で**井上朋也**（三塁手・花咲徳栄高）を指名したのだ。佐藤は即戦力に近いが、井上は高校卒なので即戦力の活躍は見込めない。正直、私は3位くらいだと思っていた。この指名を見て、ソフトバンクにとって〝即戦力〟という言葉はほとんど意味をなさないのだと思った。

井上のポジションは三塁なので、指名の狙いが「ポスト松田宣浩」にあることはわかる。昨年、三塁を一番多く守ったのは松田の113試合で、それに次ぐのは牧原大成の21試合。

今季38歳の松田の後継者探しが喫緊の課題なのに、松田に依存しなければならない現状。この課題にフロントは真摯に取り組んだ。佐藤の抽選に負けた巨人が平内龍《へいないりゅう》太《た》（亜細亜大・投手）、オリックスが山下舜《しゅん》平大《ぺいた》（福岡大大濠高・投手）を外れ1位で指名したのに対し、ソフトバンクは佐藤と同じ三塁手でしかも高校生の井上を指名した。ここにこそソフトバンクのチーム作りの基本が見える。

井上を19年秋の関東大会を見たとき、山梨学院高の左腕に内角を攻められ続け、4打席中、三振1、内野ゴロ3に終わっている。いずれも内角をしっかり意識づけさせられたあとの外角球に凡退しているのだ。これほど弱点がはっきりしていても将来性のほうに目線を合わせて1位で指名する、ここにソフトバンクの近年の強さが表れている。

三塁の守備と走塁はいい。19年春の埼玉大会準々決勝、東農大三高戦ではショート寄りの強いゴロを横っ跳びで好捕、スローイングも落ち着いてアウトにしている。またこの試合の第1打席ではセンター前にヒットを放ち、これを二塁到達8・28秒の俊足で二塁打にしている。同年秋の山梨学院高戦では第3打席のショートゴロのときの一塁到達タイムが4・26秒だった。右打者のスラッガータイプであることを思えば俊足と言っていい。

2位笹川吉康（横浜商業高・外野手）も同じ思想で指名している。ドラフト前に発行された日刊スポーツ紙の「ドラフト特集号」には「角度ある球とフォークが武器の長身左腕。

打っては高校通算40本超と打撃も魅力」と紹介されている。限られた紙面でよく紹介したなと思うのは全国的には無名の選手だったからだ。

打席内での立ち姿とともに、高いグリップからボールをレベルで振り抜き、捉えたあとのフォロースルーの大きさに柳田悠岐の影響が読み取れる。体格は193センチ、84キロと堂々としている。高校入学時は68キロしかなかったと聞いて、広島商業高時代、68キロしかなかった肉体を高校3年秋にスポーツジムに通い、ウエイトトレーニングで筋力をつけた柳田の像が重なった。

3位牧原巧汰（日大藤沢高・捕手）は俊足・好打の強肩として早くから知られていた。私が見たのは19年夏の神奈川大会準々決勝、鎌倉学園戦で、1番・捕手として出場していたことにまず驚いた。私が俊足の目安にしている打者走者の「一塁到達4・3秒未満、二塁到達8・3秒未満、三塁到達12秒未満」には達していないが、第1・2打席は内野ゴロで一塁に4・3秒台で到達。さらに第3打席で外角高めのストレートを横浜スタジアムのレフトスタンドに放り込み、第4打席では右中間を破る2点二塁打を放っている。

捕手陣はレギュラーの甲斐拓也をはじめ、海野隆司、九鬼隆平、谷川原《たにがわら》健太と若手に好素材が集まっているが、捕手以外、たとえば内野をこなせるセンスとか動きのよさが評価されたように思える。

4位川原田純平（青森山田高）は遊撃手というポジションに注目したい。ホークスのショートは実績だけなら今宮健太が盤石のレギュラーだが、過去3年間の出場試合数を見れば99→106→43、安打数も94→98→44と低迷している。この今宮の空白を3年くらいのスパンで、川瀬晃、三森大貴などの若手とともに埋めようという思惑が見える。170センチ、72キロという体格は今宮の入団時とほぼ同じ。また上背がなくても小技に走るのではなく強い打球を打つバッティングと身体能力の高さにものをいわせた守備力は今宮を彷彿とさせる。

即戦力が期待できる渡部健太（桐蔭横浜大→西武1位）、牧秀悟（中央大→DeNA2位）ではなく無名に近い高校生に向かう。こういう指名ができるのは16年に筑後市に建てられたファーム施設とファームの指導者に信頼があるからだ。前でも書いたが、メインスタジアムのタマホームスタジアム筑後はホーム球場の福岡ＰａｙＰａｙドームと同じ全面人工芝だが、サブのホークススタジアム筑後第二は外野が天然芝で内野は土のグラウンド。取材したとき違いの理由を聞くと「若い選手は土のグラウンドでノックを受けないとうまくならないから」と言われて驚いた。この環境から甲斐、牧原、上林、栗原、周東、川瀬たちが羽ばたいていった。それならば全国的には無名の高校卒でも筑後の空気の中で大きく育つのではないか、そんな信頼感が川原田の指名からは見えてくる。

5位田上奏大《たのうえそうた》（履正社高・投手）も予想外の指名だった。20年夏の甲子園高校野球交流試合に背番号「8」で登録されていたが、星稜高戦での出場はなし。またホークスが指名したのは野手・田上ではなく投手・田上。日刊スポーツの電子版には「今夏から本格的に投手を始め、公式戦登板経験はゼロも、最速は151キロ。高校での実戦経験は夏の練習試合で『（合計）10か9』イニングを投げただけ。『ほぼまっすぐだけだった』という投球内容で150キロを連発」と紹介されている。ちなみに、叔父は元中日、ソフトバンクでプレーしていた田上秀則氏だ。

今や十八番《おはこ》と言っていい育成ドラフトでは1位佐藤宏樹（慶應大・投手）、2位中道佑哉（八戸学院大・投手）、桑原秀侍《くわはらしゅうじ》（神村学園高・投手）、4位早《はや》真之介（京都国際高・外野手）、5位緒方理貢《りく》（駒澤大・内野手）など、素質が評価されている選手を指名。知名度なら支配下ドラフトされた5人より上かもしれない。

とくに佐藤は1年秋に東京六大学リーグで150キロを超えるストレートを武器に3勝を挙げ、最優秀防御率（1・03）のタイトルを獲得している。ドラフト前に左ヒジの靭帯再建術（トミー・ジョン手術）を受け上位候補から育成での指名に甘んじたが、それでもプロで投げたいという思いが胸を打つ。大竹耕太郎（早稲田大卒）とともに屈指の名門大学を出た左腕が育成からのし上がる姿を見てみたい。

千葉ロッテマリーンズ

安田尚憲

上昇機運に水を差す
ドラフトでの「方向転換」

年	シーズン順位	交流戦順位	観客動員数
2016	3位	2位	152万6932人（12位）
2017	6位	11位	145万164人（12位）
2018	5位	3位	166万5133人（11位）
2019	4位	9位	166万5891人（12位）
2020	2位	ー	38万9995人（6位）

＊（　）は12球団中の順位

選手の年齢構成（ロッテ）

年齢	投手	捕手	一塁手	二塁手	三塁手	遊撃手	外野手
19	中森俊介						西川僚祐
20	佐々木朗希 横山陸人						
21	古谷拓郎 土居豪人						藤原恭大 山口航輝
22					安田尚憲	西巻賢二	和田康士朗
23	成田翔 種市篤暉 鈴木昭汰	佐藤都志也				小川龍成	
24	河村説人					福田光輝 平沢大河 茶谷健太	高部瑛斗
25	岩下大輝 東妻勇輔 小島和哉 中村稔弥 小野郁						
26	山本大貴 土肥星也 二木康太						
27	佐々木千隼	田村龍弘 宗接唯人			松田進		
28	永野将司	柿沼友哉				藤岡裕大	菅野剛士
29		江村直也		中村奨吾			
30	東條大樹 西野勇士 有吉優樹	吉田裕太				三木亮	加藤翔平 岡大海
31	石崎剛						
32	唐川侑己 南昌輝 益田直也 フローレス		井上晴哉			エチェバリア	福田秀平
33	石川歩 松永昂大 石嶺祐太						マーティン
34	田中靖洋				レアード		角中勝也
35〜	美馬学 ハーマン				鳥谷敬		清田育宏 荻野貴司

[註]ポジションは20年の一、二軍の守備成績を参考

ファンが求めるのは小さな成功ではなく大きな成功

日本シリーズ3連覇を達成しているソフトバンクに17勝8敗と大きく勝ち越して注目された19年のロッテ。20年も60試合を終えた時点で5勝3敗1分けと勝ち越し、後半戦も9月4日からの3連戦を全勝するなど10月9日の時点では11勝4敗1分け。まさかそのあと8戦して1勝7敗という急ブレーキがかかるとは思わなかった。9月30日時点のチーム成績は首位ソフトバンクにゲーム差なしの2位。それが終わってみれば2位にはとどまったが、優勝したソフトバンクには14ゲーム差をつけられていた。

この失速はドラフトの差ではないのか。14年までのロッテはドラフトで失敗を恐れ、小さな成功をめざしているように見えた。08〜10年、ソフトバンクが1位で高校生野手の大田泰示（抽選負け）、今宮健太、山下斐紹《あやつぐ》を指名したのに対し、ロッテは大学生や社会人に向かい、その傾向は14年まで続いた。

ソフトバンクが08〜14年に上位指名した主力は今宮、柳田《やなぎた》悠岐《ゆうき》、東浜巨《なお》、森唯斗《ゆいと》、栗原陵矢《りょうや》という面々。それに対してロッテは荻野《おぎの》貴司、大谷智久（20年12月引退）、松永昂大《たかひろ》、石川歩《あゆむ》、中村奨吾《しょうご》……。悪くはないが、弱いポジションに即戦力を補充したら成功した、という戦術が透けて見える顔ぶれだ。15年以降、それまでの即戦力重視から将来性を睨んだ指名に変わり、今のロッテはソフトバンクに対抗する位置まで上がってきたが、過去2年は後半に失速し、優勝戦線から後退している。14年までのドラフトが現在の両球団の差になっているというのが私の考えである。

ここでクジ引きの強さについても考えてみたい。ロッテはドラフトのクジ運が強いと言われているが、果たしてそうだろうか。過去5年のクジ引きの結果を見てみよう。

16年　×田中正義《せいぎ》（5球団競合）→○佐々木千隼《ちはや》（5球団競合）
17年　×清宮幸太郎（7球団競合）→○安田尚憲《ひさのり》（3球団競合）
18年　○藤原恭大《きょうた》（3球団競合）
19年　○佐々木朗希（4球団競合）
20年　×早川隆久（4球団競合）→○鈴木昭汰《しょうた》（2球団競合）

「クジ運がいい」とは、外れ1位のクジ運まで含めて言っているのだが、私は最初のクジと、外れ1位あるいは外れ外れ1位のクジ運を一緒に考えない。08〜14年のドラフト1位で入団し、成功した選手を「単独指名」「競合指名」「外れ指名」の3つに分けてみた。

◇単独指名……筒香嘉智（横浜）、今宮健太（ソフトバンク）、菅野智之（巨人）、大谷翔平（日本ハム）、森友哉（西武）、岡本和真（巨人）など15人

◇競合指名……菊池雄星（西武）、藤浪晋太郎（阪神）、東浜巨（ソフトバンク）、大瀬良大地（広島）、松井裕樹（楽天）、有原航平（日本ハム）など9人
◇外れ1位、外れ外れ1位……山田哲人（ヤクルト）、松永昂大（ロッテ）、増田達至《たつし》（西武）、山﨑康晃《やまさきやすあき》（DeNA）など8人

外れ1位（あるいは外れ外れ1位）組の成功率の低さがわかるが、ロッテは08年以降、外れ1位で大きな失敗をしていない。10年は斎藤佑樹を外して伊志嶺翔大《いしみねしょうた》、12年は藤浪晋太郎を外して松永昂大、17年は清宮幸太郎を外して安田尚憲を指名している。まだ答えが出ていない佐々木千隼（16年の外れ1位）以外は戦力になっている選手ばかりである。この外れ1位の小さな成功が少し前までのロッテを象徴しているようだ。

ソフトバンクはドラフトで成功していないという人が多いが、小さな成功がつらなっても大きな成功を手にしなければ黄金時代は作れない。ソフトバンクの指名を見ると小さな成功より大きな成功を手に入れたいという欲求がよく見える。20年に1～5位まで、指名した全員が高校生で、1～4位までは野手だった。

19、20年と2年続けて後半戦に失速した原因をフロントは選手層の薄さに求め、20年のドラフトは大学生中心の指名にしたのだろうが、私は逆に17～19年までの勢いが止まったと思う。

スタメン分析

安田、和田、藤原のレギュラー定着が強豪への道を開く

井口資仁《ただひと》監督の昨年の最も大きな功績は高校卒3年目の安田を使い続けたことだろう。前年は一軍戦に出場しておらず、6月に開幕してから各月末日の通算打率は・053↓・242↓・221↓・236↓・221↓・221と低めで安定している。この安田を7月21日に初めて4番で起用すると、10月30日まで据え続けた。

19年こそ慢性的な長打不足を打ち破る158本塁打（リーグ3位）を放ったが、20年はリーグ4位の90本塁打（オリックスと同数で最下位日本ハムの89本とは1本差）に逆戻り。ソフトバンクに対抗するにはここから手をつけなければならないという信念が安田を4番で起用させたのだろう。

私が考えるスタメン候補の中で冒険したのが外野陣だ。左翼から藤原恭大、和田康士朗《こうしろう》、マーティンと並べた。前年までの実績から考慮すれば荻野貴司は外せないが、今年36歳になるベテランより20歳代前半の藤原と和田に将来を託したいという思いが上回った。

和田で驚かされたのがバッティングだ。埼玉県立小川高校時代は陸上部に所属し、野球を始めたのは地元のクラブチーム、都幾川倶楽部から。高校を卒業すると独立リーグ（B

Cリーグ）の富山GRNサンダーバーズに入団し、1年目の17年9月27日にはBCリーグ選抜対巨人三軍の交流戦に出場している。このとき2番和田の俊足とフルスイングのバッティングを見て、高校野球の経験がなく、クラブチームを経てBCリーグに入って1年目の選手がこれほど力強くバットを振れるのかと非常に驚かされた。

和田は17年の育成ドラフト1位で入り、支配下登録されたのは20年の6月1日。同月19日のソフトバンク戦で代走起用され（盗塁成功）、8月16日の日本ハム戦では初めて1番・中堅手でスタメン出場し、第1打席からセンター前→ライト前→ライト前と3安打をつらね、盗塁を1、3、5回に成功させている。俊足が認められてプロ入りすれば、その部分だけ武器にして一軍の戦力になろうと思うのが〝即戦力候補〟の性《さが》だが、和田は柳田悠岐（ソフトバンク）と酷似するフルスイングを実践し、俊足、好守（将来のゴールデングラブ賞候補）も忘れない。私は22年にロッテがソフトバンクと対峙するチームになっていると思っているが、そのための重要なピースが野手では安田、藤原、和田の3人である。

スタメン候補

	［スタメン］	［控え］
捕	田村　龍弘	＊佐藤都志也
		柿沼　友哉
一	井上　晴哉	＊福田　秀平
二	中村　奨吾	＊福田　光輝
三	＊安田　尚憲	茶谷　健太
遊	エチェバリア	＊藤岡　裕大
左	＊藤原　恭大	＊角中　勝也
中	＊和田康士朗	荻野　貴司
右	＊マーティン	＋加藤　翔平
D	レアード	

＊は左打ち、＋は両打ち

和田と真逆の野球人生を歩んでいるのが藤原だ。大阪桐蔭高の中心選手として18年の春、夏甲子園大会を連覇し、同年のドラフトでは3球団から1位指名されている。1年目の19年は6試合に出場し、安打2、打率・105だったのが、20年には26試合に出場して、安打25、本塁打3、打点10、盗塁4、打率・260を記録している。

外野の主力、荻野、角中勝也、清田育宏が新型コロナウイルスに感染したのを受けて、代替指名選手として10月6日に一軍に昇格。翌7日のオリックス戦に1番・左翼手でスタメン出場すると3打数1安打とシーズン初安打を記録し、9日のソフトバンク戦では5打数3安打1打点、10日は3打数1安打1打点、14日の楽天戦は第1打席にライトスタンドに第1号本塁打を放ち、16日の日本ハム戦も第1打席でライト方向に本塁打と、着実に実績を積み上げていく。

その特徴は和田と同様の好球必打のフルスイングと高レベルの俊足、好守。とくにフルスイングのバッティングは高校時代から注目を集めていた。1番和田、2番藤原、3番安田というのが私の考えるロッテ黄金時代の打順で、和田と藤原が塁上を疾走し、安田が弾丸ライナーの長打で2人をホームに還すという昨年までは「夢を見過ぎだ」と笑われたシーンが、今は実現可能な夢として目前に迫っている。

ピッチングスタッフ分析

投球フォームからムダを削ぎ落した二木の完成度の高さ

ロッテがソフトバンクと対峙する時期を22年と設定している。19年のドラフト1位、佐々木朗希の本格化をそのくらいに予想しているのと、今季23歳になる種市篤暉《たねいちあつき》のトミー・ジョン手術（内側側副靭帯再建手術）からの本格的な復帰が22年と言われているからだ。次期エース候補の2人がいない21年をどう戦うのか、佐々木朗、種市が夢物語の主人公であるのに対して今年のエース候補は二木康太《ふたきこうた》だ。昨年の前半戦は下位に低迷するオリックス戦の登板が多かったが、8月以降ソフトバンク戦が多くなり、通算4試合に登板して3勝0敗、防御率3・20を挙げているのは心強いデータだ。

二木の最大の長所はコントロールのよさ。昨年は92回3分の2を投げ、与四球は12個。1試合（9イニング）にいくつ四球を与えたかを計る与四球率は1・17。パ・リーグで90イニング以上投げた中では、アルバース（オリックス退団、89イニング）1・21、石川歩（ロッテ）1・76、美馬学（ロッテ）1・83、有原航平（日本ハム）2・04、バーヘイゲン（日本ハム）2・34、山本由伸（オリックス）2・63などを抑えてトップ。

左肩の早い開きを極力辛抱し、跳ねやねじりという反動も抑えた投球フォームは一見、

ピッチングスタッフ

[先発]	[中継ぎ]	[抑え]	[その他]
石川　歩	唐川　侑己	益田　直也	佐々木朗希
二木　康太	東條　大樹		西野　勇士
岩下　大輝	ハーマン		古谷　拓郎
美馬　学	東妻　勇輔		＊鈴木　昭汰
＊小島　和哉	小野　郁		フローレス
＊中村　稔弥	＊松永　昂大		

＊は左投げ

力強さを感じさせないが、ストレートの最速は150キロと速い。さらにボールのリリースポイント（球離れ）が打者に近いので、ボールの出所が打者からよく見えない。こういう長所のある選手は珍しくないが、二木は「最も見えにくい」と言っても過言ではない。それくらい投球フォームにスキがない。

もう1人のエース格、石川は昨年オフにポスティング制度を利用したメジャーリーグ挑戦を表明したが新型コロナウイルスの影響でFA、移籍の動きが活性化しない現況を見て、いち早く残留を決めた。国内のFA移籍を模索したリリーフの松永昂大も残留を決め、流出は昨年途中、アメリカから帰国して4試合だけ投げたチェン（阪神移籍）とやはり巨人から途中入団した澤村拓一《ひろかず》の2人だけ（澤村の去就はこの原稿を書いている時点では未定）。抑えの益田直也につなぐ中継ぎとして機能した澤村が退団すれば痛いが、石川、松永、ハーマンが退団すれば佐々木朗を前倒して一軍で起用する可能性もあったので、3人の残留は逸材を使い減りから守ったとも言える。

松永、ハーマンの残留はリリーフ陣の基盤が揺らぐのを防いだ。松永は昨年、5試合しか登板していないが、新人だった13年から19年までは毎年40試合以上投げた鉄腕なので、昨年の停滞は肩・ヒジを休めるいい機会だったのではないか。リリーフタイプの左腕、永野将司《しょうじ》、山本大貴《だいき》、成田翔《かける》がいまだに一軍レベルに達していないので、松永は依然としてチームに不可欠の中継ぎ要員である。

若手の注目株は18年のドラフト6位、古谷拓郎《ふるや》と19年の育成ドラフト1位左腕、本前郁也《もとまえふみや》だ。ファームでは本前が与四球率2・09、奪三振率8・84、古谷が与四球率1・98、奪三振率7・93を記録。ストレートの最速は本前が140キロ台中盤から後半を計測し、鋭く縦に落ちるスライダーとのアンサンブルで三振を取りまくり、古谷はクセのない投球フォームから150キロを超えるストレートとスピード差の大きいカーブを投げ分ける。

先発陣は前で紹介した石川、二木以外にも岩下大輝、美馬学、小島和哉、中村稔弥《としや》が揃い、即戦力が期待されるドラフト1位左腕、鈴木昭汰（法政大）を計算に入れなくても1年間を戦う陣容が揃っている。先発をまかせられる新外国人の入団がまだ発表されていないので、新たなプラスアルファが1枚加われば今年も優勝争いに加わることができるが、近年外国人が先発で活躍したのは18年のボルシンガーまでさかのぼらなければならない。このへんがロッテの弱みとも言える。

ドラフト分析

1位で即戦力狙いは16年以来4年ぶり

ドラフト1位は15年以来、即戦力狙いでなく将来性を睨んで指名してきた。その将来性志向の影が今ドラフトでは薄かった。入札した早川隆久（楽天）の抽選で敗れ、外れ**1位**で指名したのが早川と同じ左腕の**鈴木昭汰**（法政大・投手）。常総学院高時代から名前の知られた投手で、16年夏の甲子園大会では1回戦で近江高を7回無失点（11対0）、2回戦は中京高を8回まで3失点に抑え、3回戦は履正社高を7対4で完投、準々決勝で秀岳館高に1対4で敗れるがチームを8強に導き、ゲームプランができる好投手としてマスコミの注目を集めた。

この甲子園大会では毎試合、プロに在籍する選手と勝負をしている。1回戦で京山将弥《まさや》（DeNA）と2〜7回まで投げ合い無失点、2回戦は今井順之助（日本ハム）を4打数1安打（投手安打）、3回戦は安田尚憲（ロッテ）を4打数0安打、準々決勝では九鬼隆平《くきりゅうへい》（ソフトバンク）を1打数0安打（1四球）に抑えている。ただ、近江高戦が139キロ（京山は147キロ）、中京高戦が140キロ、履正社高戦が141キロ、秀岳館高戦が135キロと、ゲームごとの最高球速が物足りなかった。この印象が変わったのは法政大に進学してからだ。通算成績は3勝5敗、防御率3・01と目立たないが、ストレートが高校時代とくらべて格段に速くなった。さらに本格化したのは4年になってからだ。

20年春のリーグ戦、早稲田大戦では高田孝一（楽天2位）に続く2番手として7回途中から登板、4人の打者に対して与四死球が各1、奪三振2で抑え、最高球速は149キロ。秋のリーグ戦の早大戦では早川隆久（楽天1位）と9回途中まで投げ合い0対2で敗れるが（8回3分の2）被安打10、奪三振13、与四球2という内容で、最高球速は149キロだった（これまでの自己最速は150キロ）。

ストレートばかりに焦点を当てたが、三振を奪う球はほとんど変化球だ。早大戦の13奪三振のうち10個以上はスライダー、チェンジアップで取ったもの。左打者の内角に腕を振って145キロのストレートを投じてから外角にチェンジアップを落として三振を取った配球が印象に強く残っている。小島和哉に次ぐ先発候補と言っていいだろう。

高校時代の鈴木がゲームプランのできる好投手なら、**2位中森俊介**（明石商高・投手）は150キロを超える本格派でありながらゲームプランができる。アマチュアのピッチャーを評価するとき「まとまりすぎている」とマイナス視する向きがあるが、まとまっている（完成されている）ことは悪いことではない。プロへ入って食事やトレーニングの成果で体格や筋力の内容が充実すれば完成度はさらにスケールアップする。前田健太（ツインズ）、西勇輝（阪神）、山岡泰輔《たいすけ》（オリックス）がそういうタイプだった。

実績は申し分ない。19年春と夏の甲子園大会でチームを4強に導いているのだ。19年夏の準々決勝、八戸学院光星高戦では三番手としてリリーフ登板、最初の打者の2球目に投げたストレートが151キロと表示され、これが自己最速。変化球は横変化のスライダー、カットボール、縦変化のチェンジアップとカーブを持ち球にし、主体はスライダー。

プロへ進んだ打者との対戦も紹介しよう。2回戦の花咲徳栄高戦では韮澤雄也《にらさわゆうや》（広島）に3打数1安打、井上朋也（ソフトバンク1位）に4打数1安打、準々決勝の八戸学院光星高戦では武岡龍世《りゅうせい》（ヤクルト）に1打数0安打、敗れた準決勝の履正社高戦では井上広大《こうた》（阪神）に4打数1安打、小深田大地《こぶかただいち》（DeNA4位）に4打数2安打という対戦記録が残っている。小深田以外は抑えているので自信を持ってプロの世界に挑めそうだ。

3位小川龍成（国学院大・遊撃手）は2年春に打率・400（リーグ3位）を記録、満票でベストナインに輝いている。翌年の日米大学野球選手権には日本代表に選出され、故障のため1試合の出場にとどまったが、第1戦で2番・ショートでスタメン出場、1回にストレートをセンター前に弾き返し、その直後に二盗している。

とにかく足が速い。18年春の駒澤大1回戦では第3打席でセンター前ヒットを放ち、このときの一塁到達タイムが4・17秒だった。翌々日の同カードでは第1打席に二塁打を放って二塁到達タイムが7・59秒、第4打席が三塁打を放ち、三塁到達タイムが11・46秒だった。
守備はこの1回戦の1回裏、三遊間の深いゴロをスライディングして好捕したあとすぐ立ち上がってワンバンド送球でアウトにし、翌々日は5回表にやはり三遊間のゴロを好捕したあと二塁に送球して、一塁走者を封殺している。リーグ通算失策はほぼ4シーズンで5個。これだけでも守りの安定感がわかるが、地肩より俊敏な動きが要求される二塁のほうに適性があるように思える。来季、プロ7年目を迎える中村奨吾《しょうご》の国内FA権獲得が間近に迫っていることを思えばいい指名である。

4位河村説人《ときと》（星槎道都大・投手）は白樺学園高時代の15年夏の甲子園大会に出場している。ストレートが最速142キロを計測、スカウトの注目を引く選手だったが、速さよりスライダー、カーブ、フォークボールの精度や打者を惑わす早いテンポ、さらに一塁けん制のうまさなど、投手としての全体的なディフェンス能力の高さに注目した。
東都大学リーグの亜細亜大に進むが、数カ月で中退し、地元の星槎道都大に再入学。この経緯は日本ハムに1位指名された伊藤大海《ひろみ》（駒大苫小牧高→駒澤大中退→苫小牧駒澤大）とまったく同じだ。高校時代から見られた下半身の細さは解消されていないが、内回旋でヒジを上げていくテークバックまでの動きや、早く開かない前肩、192センチの長身を利したボールの角度など、投球フォームに弱点が少ない。ストレートの最速は150キロで、全国大会への出場はなく、最も大きな舞台が20年10月に行われた北海道大学王座決定戦だ。ここで対戦したのが苫小牧駒澤大の伊藤。勝負は3対3のまま引き分けに終わっているので、プロで決着をつけたい。

5位西川僚祐《りょうすけ》（東海大相模高・外野手）は高校通算55本塁打を放っている右のスラッガーだ。チーム内を見れば好打者は角中勝也、福田秀平、菅野《すがの》剛士《つよし》、安田尚憲、和田康士朗、藤原恭大……等々、左打者が多い。右打者＋長打が狙える若手は山口航輝《こうき》（今季21歳）くらいしか見当たらないので、これも弱点補強と言っていいかもしれない。

甲子園大会は2年夏と3年夏の甲子園交流試合に出場し、ヒットは交流試合でライト前に放った1本だけ。安定してヒットを打てる選手は始動もステップも探るように慎重だが、西川にはそういう配慮がない。ストレートを待って、変化球がくれば内野ゴロ、平凡なフライの繰り返し。2年春の関東大会準決勝、山村学園戦では第3、4打席でセンター前にヒットを放っているが、打ったのはともにストレート。それでも55本のホームランを打っているのだから才能があると言うべきなのだろうが、プロで成功するには緩急に対応できる間《ま》が絶対に必要。安田、藤原に続く若手の星になれるかどうか、第一関門は始動とステップにある。

埼玉西武ライオンズ

渡部健人

地方リーグの逸材を偏愛する伝統の「独自路線」

年	シーズン順位	交流戦順位	観客動員数
2016	4位	6位	161万8194人（11位）
2017	2位	3位	167万3219人（10位）
2018	1位	6位	176万3174人（9位）
2019	1位	5位	182万1519人（10位）
2020	3位	―	30万120人（10位）

＊（　）は12球団中の順位

選手の年齢構成（西武）

年齢	投手	捕手	一塁手	二塁手	三塁手	遊撃手	外野手
19			山村崇嘉				仲三河優太
20	井上広輝 上間永遠					川野涼多	
21	渡邉勇太朗 松岡洸希	牧野翔矢			綱島龍生		
22	伊藤翔 平良海馬 浜屋将太						高木渉 西川愛也
23	今井達也 大曲錬				渡部健人	ブランドン大河	鈴木将平 若林楽人
24	粟津凱士 髙橋光成	柘植世那			佐藤龍世		愛斗
25	松本航 佐々木健				山田遥楓		戸川大輔 岸潤一郎
26	齊藤大将 宮川哲	森友哉 齊藤誠人					
27	中塚駿太 田村伊知郎			山野辺翔			
28	佐野泰雄 本田圭佑 ギャレット	駒月仁人			呉念庭	源田壮亮	川越誠司
29	森脇亮介			外崎修汰			
30	平井克典 小川龍也		山川穂高				スパンジェンバーグ
31	ダーモディ						金子侑司
32	武隈祥太	岡田雅利					熊代聖人
33	増田達至 ニール 吉川光夫						木村文紀
34	十亀剣						
35～	榎田大樹 内海哲也 松坂大輔		メヒア		中村剛也		栗山巧

［註］ポジションは20年の一、二軍の守備成績を参考

東京六大学&東都より地方リーグを愛するオタク的な指名

西武は近年、東京六大学リーグ、東都大学リーグの選手を上位で指名することが少ない。08年以降で見ると、東京六大学は10年1位の大石達也（早稲田大）、17年1位の齊藤大将《ひろまさ》（明治大）の2人だけで、東都となるとOBという条件をつけてようやく11年1、2位の十亀《とがめ》剣《けん》（日本大→JR東日本）、小石博孝《こいしひろたか》（立正大→NTT東日本）が入るくらいだ。

六大学&東都がこれほど上位で指名されない球団は他ではソフトバンクくらいしかない。20年は東京六大学勢の早川隆久（早稲田大→楽天1位）、入江大生《たいせい》（明治大→DeNA1位）、木澤尚文《きざわなおふみ》（慶應大→ヤクルト1位）、高田孝一（法政大→楽天2位）が上位指名され、西武も早川を入札したが、当たりくじは楽天の石井一久新監督（ドラフト時はGM）の手に渡った。東京六大学リーグには本当に縁がない。

東京六大学&東都が少ない代わりに〝地方リーグ〟と呼ばれる大学には縁がある。08年以降の上位指名では、09年2位・美沢将《みさわまさる》（第一工大）、13年2位・山川穂高（富士大）、14年2位・佐野泰雄《やすお》（平成国際大）、15年1位・多和田真三郎（富士大）、同年2位・川越誠司（北海学園大）、16年2位・中塚駿太（白鷗大）、18年1位・松本航《わたる》（日本体育大）という名前が並ぶ。３位以下では10年３位・秋山翔吾《しょうご》（八戸大）、12年３位・金子侑司《ゆうじ》（立命館大）、14年３位・外崎修汰《とのさきしゅうた》（富士大）というビッグネームが続き、近年築き上げられたこの指名は20年の指名でも踏襲された。１位で入札した早川隆久を抽選で外したあと、外れ１位で桐蔭横浜大の三塁手、渡部健人《わたなべけんと》を指名したのだ。

ドラフト時の体重１１２キロを見れば鈍重そうに見えるが、脚力は備わっている。１年目から中村が守るポジションを奪うとは思えないが、２、３年目にレギュラーが入れ替わっていてもおかしくない。中村が現役ならそのとき40歳前後になっている。ひょっとしたら自分とよく似たライバルの出現に刺激されて、選手寿命が延びているかもしれない。

渡部と同様に、２位以下の選手も即戦力を見込まれていない。２位佐々木健《たける》は「制球力がつけば」という但し書きのついた即戦力候補で、３位山村崇嘉《たかよし》は東海大相模高では伸び悩んでいた選手。４位若林楽人《がくと》は３年までの通算打率が０・１９５、つまりドラフト候補らしい成績を残したのは４年秋のリーグ戦だけだ（春は新型コロナウイルスの影響で中止）。５位大曲錬《おおまがりれん》はストレートの最速が１５４キロと言っても硬式ではなく準硬式のボールで計測したもの。さらに６位ブランドン大河《たいが》は３年だった19年の大学選手権で目立ったのは準々決勝の城西国際大戦で放った第３打席の３ランホームランだけ。７位の仲三河《なかみがわ》優太も大阪桐蔭高で実力が発揮し切れなかった強打者である。未完成でも西武のコーチングを受ければ一線級になるという自信があるのだろうか。

20年の育成ドラフトでは球団史上最多の5人を指名した。ちなみに05年から始まった育成ドラフトに参加したのは11年からで、これまで最も多く指名したのは18年の3人。今育成ドラフトで指名した中には前評判の高かった選手もいる。ストレートが最速153キロを計測した赤上優人《あかがみゆうと》（東北公益文科大・投手）やプロ志望高校生合同練習会でストレートが最速147キロを計測した豆田泰志《まめだたいし》（浦和実・投手）がそういう選手だ。

育成ドラフトに臨む姿勢に変化がある一方で、地方リーグの大学生を積極的に獲りに行く西武ならではの伝統芸のような指名は変わらない。そういう諸々が80年代から90年代前半までの黄金時代を築く原動力になった根本陸夫（西武初代管理部長）の遺産のように思えて仕方がない。チームを強くするためには他球団のやっていないことを率先してやるしかない、そういうオタク精神の中にこそ根本の魂は宿っている。

今年の戦力に話を移すと、投手陣が安定してきたのに対し、打撃陣はレギュラーと控えの実力差がますます大きくなっている。投手偏重の指名が続いたことが背景にあるのは確かだろう。そのアンバランスを直すために今ドラフトでは1位渡部、3位山村、4位若林など、野手を5人指名した。チーム内のアンバランスを正そうとしてアンバランスな指名をする、それも西武スカウト陣の十八番と言っていい。

スタメン分析

19年に主要な打撃タイトルを独占した主軸の反撃に期待

不調だった選手の揺り戻しが期待できるかもしれない、と思うのは昨年成績を落とした選手が非常に多いからだ。まず19年の成績を紹介すると、森友哉は打率・329で首位打者、山川穂高は43本のホームランを放って本塁打王、中村剛也は123打点で打点王、金子侑司《ゆうじ》は41盗塁で盗塁王に輝いた。それが20年になると、森は打率・251（リーグ17位）、山川は24本塁打、中村は31打点、金子は14盗塁まで急降下した。

付け加えると、19年に179安打を放って最多安打のタイトルに輝いた秋山翔吾は翌年メジャーリーグのレッズに移籍している。この19年のように主要タイトルを1つの球団が独占したのはプロ野球史上初の快挙である。それだけに、彼らが揃って不調に陥ればチーム成績が急降下するのも当然である。

これらの選手以外でも源田壮亮《そうすけ》は18～20年にベストナインとゴールデン・グラブ賞に輝いたものの盗塁は19年の30盗塁から20年は18個に減り、外崎修汰は打率が・274から・247まで落ちている。成績が上がったのは栗山巧《たくみ》1人なのに、チーム成績は勝率5割の3位にとどまったのだから地力がある球団と言っていい。

山川の低迷はNHKのスポーツ番組で落合博満氏と対談したことと関係があるのかもしれない。山川は落合氏が選手時代に反動をつけるため大きくバットを後ろに引いていたと同意を求めるように言うのだが、落合氏はこれに同意しなかった。落合氏の現役時代の動画が紹介されると、バットは構えた位置から後ろへ引く動きがほとんどなかった。

自分が目標にする大打者がバットを後ろに引いていなければ、それをやってみようと思うのは当然である。しかし、それまでの山川のバッティングと落合氏のバッティングはまったく別物。ここから山川に迷いが生じたのかなと思っている。

山川が絶不調でも控えに将来の主軸候補かソフトバンクの明石《あかし》健志《けんじ》のようなバイプレーヤーがいれば心配ないが、昨年山川以上に一塁を守ったのは打率・207のメヒア。17年以降の4年間、安打数が100本を割っているメヒアが3年契約を終えても在籍しているのは現球界の七不思議と言ってもいい。

三塁は外野が本職のスパンジェンバーグが中村に次いで守り、外野は100試合以上守備に就いた選手がゼロ。最初に「19年に打撃タイトルを獲得した

スタメン候補

	[スタメン]	[控え]
捕	＊森　友哉	岡田　雅利
		柘植　世那
一	山川　穂高	メヒア
二	外崎　修汰	山野辺　翔
三	中村　剛也	渡部　健人
遊	＊源田　壮亮	＊呉　念庭
左	＊スパンジェンバーグ	＊鈴木　将平
中	＋金子　侑司	＊川越　誠司
右	木村　文紀	＊高木　渉
D	＊栗山　巧	

＊は左打ち、＋は両打ち

選手の反撃に期待する」と書いたが、山川30歳、金子31歳、木村文紀《ふみかず》33歳、メヒア36歳、中村、栗山38歳……等々、大台を超える選手が多いのを見ると、反発力に期待するのは無理かもしれない。中堅と言える選手も森とぎりぎり山川くらいしかいないのだ。

逆に25歳未満の期待できる若手は西川愛也《まなや》、高木渉《わたる》22歳、鈴木将平23歳、柘植世那《つげせな》、愛斗《あいと》24歳、山田遥楓《はるか》25歳の名前が挙がる。彼らがレギュラーに就けなかったら、将来、チームを編成するのも難しい、それくらい数が少ない。こういう現状を見て、今ドラフトでは野手を中心に指名したのだが、正直、もっと早くできなかったかなと思う。

20年のチーム成績で見ると深刻度は増す。打率・238（リーグ5位）、安打926（5位）、本塁打107（3位）、盗塁85（4位）。この4部門のうち本塁打を除く3部門は19年は1位だったが、打率は2分7厘が目減りし、安打は373、本塁打は67、盗塁は49減っている。試合数が143から120に減ってもこの成績の落ち方は尋常でない。重ねて言うが、主軸の年齢は高いのだ。

新人や鈴木将平たち若手の早い抜擢、それを辻発彦監督以下、コーチ陣がどれだけできるか、今年は指揮官の覚悟が試されるシーズンと言える。

ピッチングスタッフ分析

四球が少なく死球が多いニールに期待

攻撃陣にくらべて投手陣は上昇の材料が多い。まず評価できるのはリリーフ陣の充実である。抑えの増田達至《たつし》は過去2年、防御率が1・81↓2・02と安定している。与四球率は1・84、奪三振率は7・71と高水準にあり、セーブ数は2年連続で30を超え、昨年は最多セーブに輝いている。

この増田につなぐ中継ぎ陣も頑張った。19年は平井克典が後半に先発も兼ねたため防御率が3・50と安定感を欠き、小川龍也《りゅうや》の2・58を除き、平良《たいら》海馬《かいま》3・38、ヒース3・73、マーティン3・67と軒並み3点台に落ち込んだ。それが20年は平良が53回投げ被安打22、防御率1・87で新人王に輝き、森脇亮介1・35、小川2・10もあとに続いた。

この中継陣には余力がある。19、20年に先発、中継ぎを兼ねた平井が中継ぎに固定されれば、平良、森脇（右上手）、小川（左横手）の中に右横手が加わり、バリエーションが生まれるからだ。平井が先発を兼ねるのは本人に先発志望があるからと言われる。昨年、先発に立った4試合の成績はというと、17回3分の1投げて、被安打19、与四球8、奪三振16、失点14、自責点13、防御率6・75という惨憺たるもの。リリーフだけなら防御率3・

ピッチングスタッフ			
［先発］	［中継ぎ］	［抑え］	［その他］
今井　達也	平井　克典	増田　達至	十亀　剣
髙橋　光成	平良　海馬		多和田真三郎
松本　航	宮川　哲		＊齊藤　大将
＊浜屋　将太	＊小川　龍也		本田　圭佑
＊ダーモディ	森脇　亮介		＊佐々木　健
ニール	ギャレット		

＊は左投げ

14だから悪くない。この平井の起用法がキーになりそうだ。

先発は誰にエースの座を託すのだろうか。昨年の勝ち頭は髙橋光成《こうな》で、チームでただ一人規定投球回に到達している。成績は8勝8敗、防御率3・74で与四球率3・29。荒れ球なので制球力がないと思われているが、通算の与四球率も3・83とノーマル。与死球のほうはリーグ5位の7個と多く、19年はリーグ1位の14個を与えている。制球力はノーマルだが〝針の穴を通す〟というほど緻密ではない。それでも逃げないで内角に投げるので死球が増える。こういう「天然」タイプは打者からすると怖い。

リリーフの平良に少しだけ話を戻すと、昨年は120・1回投げた髙橋にくらべ53イニングしか投げていないのに与死球は8個。10月7日のソフトバンク戦では1イニング投げて川島慶《けい》三《ぞう》と栗原陵《りよう》矢《や》に死球を与えている。髙橋とか平良とか荒れ球の投手は仕方がない、と言われそうだが、16年の与死球リーグトップ3は、1位小石博孝、2位牧田和久、3位十亀剣である。

毎年与死球が多い球団が西武で、考えてみれば与死球歴代1位は東尾修だった。

東尾、牧田のような強い信念を持って内角を攻めている確信犯はまだ評価できるが、髙橋、平良のような天然タイプは困る。先発候補に入れた今井達也も、与死球5は一見多くないが、与死球率0・73は、与死球8のニール（与死球率0・64）、同7個の髙橋（与死球率0・52）より高い。

昨年のチーム成績は防御率4・28がリーグ最下位、被本塁打106が3位、与四球477が最下位、与死球53が2位。西武より与死球が多いのはソフトバンクだが、石川柊《しゅう》太《た》12、高橋礼9という上位の投手を見ると、内角攻めの副産物という言葉が言い訳に聞こえない。ソフトバンクの昨年のチーム防御率2・92は12球団唯一の2点台で、西武二軍の与死球41は12球団ワースト1位だった。このあとで書くが20年のドラフト2位佐々木健（NTT東日本）も制球力が安定しないタイプ。制球力よりとことんストレートの速さを求めるチームだとわかる。

与四球率2・81、与死球8——四球少なく、死球が多いという投手の理想のような投手がニールだ。過去2年、19年＝12勝1敗、防御率2・87、20年＝6勝8敗、防御率5・22とジキルとハイドのような成績を残したが、今季33歳の年齢をみても余力があり、チェンジアップ、カットボール、シンカーを駆使してゴロに打ち取る投球術は見ごたえがある。

ドラフト分析

冒険心いっぱいの指名は1位森友哉、2位山川穂高の13年以来

入札した早川隆久を抽選で外したあと**1位**で**渡部健人**（桐蔭横浜大・三塁手）を指名したとき、思わず喚声が洩れた。ドラフト候補には違いないが、まさか1位で指名されるとは思わなかったからだ。日本ウェルネス高校時代から知られた存在だった。神奈川県内の有力校を中退したあと、1年間出場できないハンディを背負いながら高校通算25本塁打を放ち、桐蔭横浜大に入学すると1年春のリーグ戦からレギュラーとして出場。というより、春に入学して臨んだリーグ戦の第1戦、神奈川大戦でいきなりホームランを放っている。2年春には打率・438（リーグ3位）でベストナイン（一塁手で）に輝き、3年時は春、秋とも打率2割台に低迷したが20年秋に復活してホームランを打ちまくった。

鶴見大1回戦＝1本、横浜商科大2回戦＝1本、関東学院大1、2回戦＝各1本、神奈川工科大1回戦＝1本、2回戦＝2本、神奈川大2回戦＝1本

すべての対戦相手から合計8本のホームランを放っているのがわかる。リーグ通算最多記録は岸川雄二（元西武）の22本で、18本の渡部は更新できなかったが、新型コロナウイルスの影響で中止になった20年春のシーズンが行われていたら更新していたのではないだ

ろうか。この渡部の凄さを実感したのが20年秋の横浜市長杯だ。東京六大学リーグ、東都大学リーグを除く関東5リーグの1、2位校を集めて行われる大会で、毎年スカウトが勢揃いすることでも知られている。ここで渡部は驚異的なホームランを放った。

初戦で対戦した中央学院大戦の第1打席、ボールカウント1－1からの3球目を捉えると、打球は横浜スタジアムの最上段に達した。投げたのは21年のドラフト候補、古田島成《こたじませい》龍《りゅう》のスライダーで、この試合ではストレートが最速146キロに達していた。準決勝の共栄大戦では前日、ストレートが最速149キロを計測している21年のドラフト上位候補、小向《こむかい》 直樹から四球、センター前ヒット、センター越え二塁打を打ち、ヒットのあとにはアウトになったが二盗を試みている。二盗のときの動き始めから二塁ベースに到達するまでのタイムは3・48秒。これは〝まあまあの俊足〟と言えるくらいの脚力である。三塁守備ではスローイングがよかった。しっかりリリースで押さえ込めているので送球が低い球筋で伸びていく。走攻守がきれいな正三角形で揃っていないが、打を頂点とした二等辺三角形の形では揃っていると思った。

2位佐々木健（NTT東日本・投手）はコントロールの悪いピッチャー、という印象が強い。17年の全日本大学野球選手権（以下、大学選手権）では富士大の5番手として登板、最初の打者に四球を与え、その年の明治神宮大会では準々決勝の東洋大戦に3番手として登板、ストレートは最速144キロを計測したが3人目の打者に死球を与えたあと二塁打、本塁打を打たれ4点を失っている。社会人になってからは19年の都市対抗東京二次予選準決勝、明治安田生命戦に先発していきなり1～3番に四球を与え、4番にレフト前ヒットを打たれたあと5番に四球を与え、降板しているのを見た。

これほどコントロールに難があってもドラフト2位指名されたのはストレートが速いからだ。最速は152キロで、変化球はスライダーとチェンジアップがあるが、主体となるのはストレート。1位の渡部を含めて思うのは、大学生、社会人主体の指名でもこの年に指名された選手はいずれも将来性のほうに針が振れているということ。13年の1位森友哉、2位山川穂高以来の冒険心に富んだ指名と言っていいだろう。

3位山村崇嘉（東海大相模高・内野手）も将来性を睨んだ指名だ。高校通算49本塁打は十分、超高校級と形容していい数字だが、中学3年時（武蔵府中）のリトルシニア選手権で見たときの印象はさらに圧倒的だった。バットの引きが大きく、下からバットが出るアッパースイングでも、フルスイングの迫力とバットを振る強さに大きな魅力を感じていたのだ。その凄さが高校時代はあまり見られなかった。

19年夏の甲子園大会では初戦の近江高戦で技巧派左腕、林優樹からライト前にタイムリーヒットを放っているが、あとはノーヒット。全国の晴れ舞台での不発ぶりが印象を薄めたと言っていい。魅力はバッティングより脚力と内野全般を守れるユーティリティぶり。基本のポジションは一塁だが、20年夏の甲子園交流試合、大阪桐蔭高戦では2番打者としてスタメン出場し、遊撃と三塁を守っている。

脚力は19年春の関東大会1回戦、木更津総合高戦の第4打席で右中間に三塁打を放ち、このときの三塁到達が11・96秒、また秋の神奈川大会準決勝、相洋高戦の第2打席でライト前に強い打球のヒットを放ち、一塁到達は4・39秒だった。バッティングは始動のときの性急な蹴り上げと淡白なステップがトップ時の体の割れを不十分にしている。

4位若林楽人（駒澤大・外野手）は2年春から東都大学リーグ戦に出場しているが、主力になったのは20年秋の1シーズンだけ。ここでの活躍でスカウトの注目を集めたと言っていい。国学院大1、2回戦で3ランを放ち、亜細亜大1回戦では平内龍太《へいないりゅうた》（巨人1位）からソロホームラン、中央大戦1回戦では2回表に3ランを放ち、本塁打4、打点13でリーグ二冠を獲得、シーズン後には満票で外野手のベストナインにも輝いている。

バッティングは力感があるが、それよりも脚力と外野からの強肩に注目した。20年秋の国学院大1回戦、第3打席で三塁ゴロを放ち、このときの一塁到達が4・11秒、また東洋大1回戦、第2打席で右中間へ三塁打を放ち、このときの三塁到達が11・96秒だった。フルスイングに特徴のある右の強打者であることを考えれば俊足と言っていい。シートノックではゴロを処理したあとのホーム返球が低い球筋のノーバウンドだった。この走守だけでも一軍でプレーする資格があると思う。

5位以下は本当に将来性だけを睨んだ指名だ。**5位大曲錬**（福岡大・投手）は準硬式の選手で、クセのない投球フォームから最速154キロのストレートを投げる。これまで準硬式出身で大成した選手はいないので、成功選手第一号をめざしたい。

6位ブランドン大河（東農大北海道オホーツク・遊撃手）は19年の大学選手権準々決勝、城西国際大戦の3ランが強く印象に残っている。2対1と勝ち越した直後の1死二、三塁の場面で2ボールからの3球目、135キロのストレートを振り抜いてレフトスタンドに放り込んでいる。こういう強打者タイプを育成するのは西武の十八番と言っていい。

7位仲三河優太（大阪桐蔭高・外野手）は故障のため20年夏の大阪大会の出場がなく、甲子園交流試合の東海大相模高戦に代打で出場してレフト前ヒットを放っているが、それより印象に残るのは19年秋の近畿大会決勝、履正社高戦で記録した3ランを含む4安打、5打点という活躍のほう。前重心で緩急に対応する様子はイチロー（元マリナーズなど）や中村晃（ソフトバンク）を思わせ、強打よりヒット量産の素質のほうが勝っていると思った。

育成ドラフトでも1位赤上優人（東北公益文科大・投手）、4位豆田泰志（浦和実高・投手）など前評判の高い選手を指名し、今回の指名は久しぶりに好感が持てた。

東北楽天ゴールデンイーグルス

田中将大

ビッグネームを並べるチーム編成に「死角」あり

年	シーズン順位	交流戦順位	観客動員数
2016	5位	4位	162万961人(10位)
2017	3位	5位	177万108人(9位)
2018	6位	12位	172万6004人(10位)
2019	3位	6位	182万1785人(9位)
2020	4位	—	23万6084人(12位)

＊(　)は12球団中の順位

選手の年齢構成（楽天）

年齢	投手	捕手	一塁手	二塁手	三塁手	遊撃手	外野手
19	内星龍					入江大樹	
20		水上桂		黒川史陽			武藤敦貴
21	引地秀一郎 佐藤智輝						
22		石原彪					
23	藤平尚真 高田萌生 早川隆久 高田孝一 内間拓馬						
24	津留﨑大成 福森耀真	堀内謙伍				村林一輝	オコエ瑠偉 渡邊佳明
25	安樂智大 西口直人 鈴木翔天 藤井聖	太田光					辰己涼介 小郷裕哉
26	松井裕樹		和田恋	山﨑幹史	内田靖人	小深田大翔	
27	菅原秀 弓削隼人 瀧中瞭太	下妻貴寛				茂木栄五郎	岩見雅紀 田中和基
28	釜田佳直 酒居知史						
29	宋家豪 池田駿 寺岡寛治	田中貴也	ディクソン				
30	森原康平 石橋良太						
31	則本昂大 辛島航 ブセニッツ コンリー			浅村栄斗			島内宏明
32	福山博之	足立祐一 岡島豪郎				鈴木大地	
33	田中将大 塩見貴洋 福井優也		銀次				下水流昂
34							カスティーヨ
35～	涌井秀章 岸孝之 牧田和久			藤田一也			

［註］ポジションは20年の一、二軍の守備成績を参考

石井一久GM兼監督は強運の持ち主

石井一久監督&GMは運を持っている人かもしれない。昨年、監督に就任した三木《みき》肇《はじめ》監督の周囲には10月頃まで辞任する空気が漂っていなかった。9月30日までのチーム成績は43勝42敗、勝率・506。4位西武とは2・5ゲーム差があった。それが10月以降には12勝15敗と負けが込み、反対に4位にいた西武は18勝14敗と勝ち越し、終わってみれば1ゲーム差をつけられて順位が入れ替わっていた。

19年は71勝68敗、勝率・511で3位。前年は勝率・414で最下位だったので平石《ひらいし》洋介新監督の手腕は讃えられて当然なはずだが、優勝を狙えると意気込んでいた石井GMにとって3位は納得できる結果ではなかったようだ。

「3位はBクラスと一緒」

平石監督から三木監督に代わる監督交代劇のさなかに出てきたのがこの言葉だ。まさか1年後、この言葉がブーメラン効果になって三木監督を辞任に追い込むとは思わなかっただろう。そして、三木監督に代わって新監督に就任したのが石井GM。前代未聞のGM兼任監督の誕生である。

常識で考えればＧＭと監督の兼任は考えられない。ＧＭはチームを中・長期の視野で見るのが普通で、逆に監督は自分のクビ（進退）がかかっている状態が多いので、短期的にチームを見がちだ。またＧＭは分析班やスカウトからもたらされるデータを見て、鳥瞰《ちょうかん》的な視野でチームの将来像を描き、各分野の人員を動かしていくが、監督はフィールド内の人間だけを動かしていく。ＧＭをやりながら監督を務めるのがそもそも無理な話で、監督がＧＭを務めるなど、さらに考えられない。

昨年、２０２０年版の本書で「ドラフトでは即戦力より3、4年先を見越した指名を評価する、というのが私の流儀なので、岸、浅村の補強は評価できるが、今回の補強は評価しない。トレードに向かう目が、フロント的でなく、監督的になっているのだ」と石井ＧＭの手腕を批判した。これを読み返して、石井ＧＭが監督的なＧＭなら、監督を兼任してもおかしくないかな、と思った。

しかし、目の前のことしか見ない監督や、朝令暮改を繰り返すノープランの監督が好結果を出せるわけがない、とも思う。朝令暮改とは、三木監督のドタバタ辞任（二軍監督就任）や松井裕樹《ゆうき》をシーズン中に先発から抑えに代えたことをさす。

チーム内の戦力を見れば、移籍してきた一流選手は多いが、年齢層が高く、野手は同ポジションに好選手が偏っているなど、マスコミが伝えるほどのいい材料は少ない。つまり、石井GM兼監督は「運」を持っていないことになるのだが、昨年のドラフトで4球団の1位指名が競合した早川隆久（早稲田大）の当たりクジを引き当ててしまった。

先発陣はビッグネームが多いが、エース争いを演じる岸孝之、涌井秀章《ひであき》、則本昂大《のりもとたかひろ》は30歳代で、岸は過去6年中、10勝以上したのは18年だけ、則本はこの2年間は5勝止まり、涌井は昨年11勝を挙げて最多勝に輝いたが、それ以前の3年間の勝ち星は15勝27敗。3人とも一流の球威、投球フォーム、風格を備え、私も好きだが、はっきり言えば成績は下降線を描いている。そういうときに、ドラフト1位で即戦力中の即戦力、早川を獲得したのだ。石井GM&監督は運を持っているとしか言いようがない。

さらに朗報は続く。ヤンキースとの契約を終えた田中将大《まさひろ》が契約合意に達し、8年ぶりの復帰が決まったのだ。新型コロナウイルスの影響で60試合に制限された中で3勝3敗、防御率3・56に終わった昨年の成績をどう見るか難しいが、48回投げ被安打48、与四球8（与四球率1・50）、奪三振44（奪三振率8・25）を見る限り、力が落ちたとは思えない。

今季33歳の年齢はまだ十分余力を残している。何よりメジャーリーガーとして実働7年間マウンドに立ち、78勝46敗、防御率3・74を記録している。14～19年の6年間はコンスタントに2ケタ勝利を挙げ、実力も破格。日本人選手だけでなく外国人選手に与える好影響も考えれば、球団創設以来、最大の買い物と言っていいだろう。

スタメン分析

各ポジションで100試合以上守った選手がゼロ

捕手以外、ネームバリューのある選手がずらりと並ぶ陣容だ。ずらりと並ぶが、圧倒的な存在感を誇るのは浅村1人。監督にとってはパズルをはめ込むような楽しみがある反面、難しい一面もある。一番難しいのは新外国人をどこに入れるか、ということだろう。

右打者のディクソンは一塁、二塁、外野を守れるユーティリティプレーヤーで、年俸は1億5000万円（100万ドル）。この年俸なら初めはスタメンとして起用されると思うが、内野に銀次、鈴木大地《だいち》、浅村、茂木栄五郎、小深田《こぶかた》大翔《ひろと》、外野に島内宏明《しまうちひろあき》、田中和基《かずき》、辰己涼介が並び、年俸7350万円のカスティーヨも外野の一角をうかがう。誰を外してポジションはどこをまかせるか、非常に難しい。

20年の守備成績を見ると、各ポジションで100試合以上守った選手が1人もいなかった。新型コロナウイルスの影響で年間の試合数が143から120に減っているが、ソフトバンクは甲斐拓也（捕手）、松田宣浩《のぶひろ》（三塁手）、ロッテは井上晴哉《せいや》（一塁手）、中村奨吾（二塁手）、藤岡裕大《ゆうだい》（遊撃手）、マーティン（外野手）、西武は外崎《とのさき》修汰（二塁手）、源田壮亮《そうすけ》（遊撃手）、日本ハムは渡邉諒《りょう》（二塁手）、大田泰示（外野手）、西川遥輝（外野手）が各ポジションで100試合以上守っている。

セ・リーグは巨人が4人、阪神が3人、中日が5人、DeNAが3人、広島が4人で、最下位のヤクルトが0人だった。パも最下位のオリックスが0人なので、チーム成績と直結するデータだということがわかる。

143試合で戦った平石監督の19年は銀次（一塁手）、浅村（二塁手）、茂木（遊撃手）、島内（外野手）、辰己（外野手）の5人が各ポジションで100試合以上守っている。メジャーリーグでは複数ポジションを守るユーティリティプレーヤーを重要視していると言われるが、何も全ポジションをオープンにしなくてもいい。三木前監督は石井GMの思考を忠実に采配に写し取ったのだろう。

打撃成績で見ると11位までの上位に、5位鈴木・295、6位小深田・288、8位島内・281、9位浅村・280、11位ロメロ・272が並んでいる。チーム打率・258、得点557はリーグ1位。本塁打112はソフトバンクに次いで2位、盗塁67だけがリーグ最下位。メジャーリーグは盗塁を有力

スタメン候補

	[スタメン]	[控え]
捕	太田　光	石原　彪
		下妻　貴寛
一	ディクソン	内田　靖人
二	浅村　栄斗	＊山﨑　幹史
三	＊茂木栄五郎	＊渡邊　佳明
遊	＊鈴木　大地	＊小深田大翔
左	＊島内　宏明	＊岡島　豪郎
中	＋田中　和基	＊小郷　裕哉
右	＊辰己　涼介	カスティーヨ
D	＊銀　次	

＊は左打ち、＋は両打ち

な戦略と考えていないとは前にも書いた通りで、やはり元メジャーリーガー・石井GMの思考が反映されている。

ポジションが定まらないのが捕手だ。昨年守ったのは太田光《ひかる》67、下妻貴寛《しもつまたかひろ》43、足立祐一42、石原彪《つよし》18、堀内謙伍《けんご》10……等々、という散らばり具合で、守備に就いた総人数は7人。投手にはありがたいかもしれないが、ソフトバンク5人、ロッテ6人、西武3人、日本ハム6人、オリックス5人、セは巨人4人、阪神4人、中日5人、DeNA5人、広島5人、ヤクルト6人という人数を見れば、やはり多い。

守備成績を見ると捕手の守備率10割が下妻、足立、堀内、田中貴也、山下斐紹《あやつぐ》（中日育成）と5人いる。捕手に限らずチーム別守備成績も見ると、楽天の守備機会（刺殺＋補殺＋失策）がリーグ最下位の4402だった。また捕逸6は日本ハム13、西武9に次いで多く、守備率だけを見てはわからない穴がぽつぽつ見えてくる。

石井氏が監督就任を発表したとき、「僕の使命は常勝チーム、骨太のチームにすること」と所信を表明したが、昨年のやり方はそれとは真逆な「骨細」で「Bクラス」志向。骨太にするなら各ポジションにレギュラーらしいレギュラーをでんと据えるところから始めてほしい。

ピッチングスタッフ分析

松井裕樹の抑え定着で安定感を増すリリーフ陣

さまざまに批判してきたが、投手陣は楽しみな要素が多い。大注目の補強は4球団の競合を経て獲得したドラフト1位の早川だ。

現有戦力の涌井、岸、則本は30歳を超えた年齢や、過去3年の下降線を描いた成績を見ても、全盛期の力はない。90年代の巨人がFAやトレードを活用して他球団の主力選手をかき集めたが、長嶋茂雄氏が2期目の監督に就いた93〜01年の9年間で日本一になったのは2回。費用対効果は思い描いたほどよくはなかった。このときの巨人と似た状況にあるのが今の楽天だが、早川1人が入団しただけで、見える風景がガラッと変わった。

そして、田中の入団で投手陣は盤石になった。ストレートの低めコントロールと打者の打ち気をはかるように変化するスライダーのキレが抜群で、メジャー通算1054回3分の1を投げて四球は208個。与四球率は何と1・78である。伝家の宝刀、スプリットにも衰えはなく、8年前の24勝0敗、防御率1・27の快刀乱麻がまた見られるかもしれない。

ストレートの球速は150キロ前後が多い。メジャーリーグでは普通の速さだが、日本の先発投手では速球派に分類できる。このストレートを見せ球にしてスライダー、カット

ピッチングスタッフ			
［先発］	［中継ぎ］	［抑え］	［その他］
田中　将大	森原　康平	＊松井　裕樹	藤平　尚真
岸　孝之	牧田　和久		安樂　智大
則本　昂大	酒居　知史		＊辛島　航
涌井　秀章	宋　家豪		石橋　良太
＊早川　隆久	＊コンリー		高田　孝一
＊塩見　貴洋	ブセニッツ		

＊は左投げ

ボール、スプリットを自在に操るピッチングは〝魔術〟と言っても大げさに感じない。

岸、涌井、則本のベテラン3人は早川と田中が入団したことにより、「エース」という重い看板を下ろせる。11勝を挙げて最多勝に輝いた昨年の涌井がそんな心境だったのではないか。涌井に関してはライバル、ダルビッシュ有（パドレス）が昨年日本人としては初となる最多勝（8勝1敗）に輝くなど活躍していることがいい刺激になっているはずだ。

リリーフ陣は上位球団のような安定感はないが、昨年先発でスタートした松井裕樹が今年は最初から抑えで投げるので計算できる態勢が整った。松井の先発転向は数年前からシーズン中に試されてきたが、昨年は9月24日までに10試合を先発で投げ、3勝3敗。防御率3・66という成績。10試合目のオリックス戦で5回投げ、被安打5、奪三振12という好成績を挙げ、「もうこのへんでいいだろう」と肩を叩かれたかどうかはわからないが、10月1日からは15試合にリリーフ、主に中継ぎとして投げ、防御率は1・65という見事な成績を残した。これで長年思い描いてきた先発の夢は吹っ切れたのではないか。

10月1日から3連投、20日から3連投、10月30日に初セーブを挙げ、11月1日は2イニング投げて2セーブ目、最終戦の11月7日にも2イニング投げて西武の強力打線を0安打に封じている。16回3分の1を投げて被安打3、奪三振25を見れば、適性はリリーフだとはっきりした。

今季は最初から抑えをするのは間違いないので松井につなぐ中継ぎの整備が重要になるが、残留したブセニッツ、新外国人の左腕、コンリーが重要な役目を担うことは確か。とくにコンリーは左腕の横手に近いスリークォーターという変則的な投球フォームから150キロ台後半のストレートとスライダー、チェンジアップを投げ分ける本格派。

メジャーリーグ通算174試合に登板し、25勝30敗5セーブ、防御率4・82はパッとしないが、与四球率3・74、奪三振率7・78は悪くない。動画を見た印象ではストレートの速さが最大の武器で、日本球界に多い左打者はかなり抑え込まれると思う。

牧田《まきた》和久《かずひさ》、酒居《さかい》知史《ともひと》、森原康平にドラフト2位、高田孝一もここに入ってくる力がある。高田は荒れ球だがストレートの速さは楽天でもトップクラス。昨年途中、巨人からロッテに移籍して活躍した澤村拓一《ひろかず》が似たタイプだ。

ドラフト分析

1位早川隆久を筆頭に即戦力候補を上位でずらりと指名

１位入札で４球団が重複した**早川隆久**（早稲田大・投手）を抽選で獲得、大きな光明を見出した。早川の東京六大学リーグでの通算成績は14勝12敗、防御率２・51と平凡。19年までの７勝12敗、防御率３・18が大きく影響している。20年になると春は２試合に登板して１勝０敗、秋は７試合に登板して６勝０敗と大変身して、両シーズンの防御率は０・86。ついでに紹介すると１試合（９イニング）に換算した被安打率４・14、奪三振率13・29、与四死球率１・29も見事である。この秋は最多勝、最優秀防御率、奪三振王を獲得してMVP、ベストナインにも輝き、早稲田大の10季ぶり46回目の優勝を後押しした。

19年の侍ジャパン壮行試合、高校日本代表戦では大学日本代表の２番手として登板、４人の打者を被安打１、奪三振２に抑えた。ただ、ストレートの最速は１４７キロにとどまり、私の目には大学生で１５０キロ以上を計測した森下暢仁《まさと》（広島）、吉田大喜《だいき》（ヤクルト）、伊藤大海《ひろみ》（日本ハム１位）、佐藤隼輔《しゅんすけ》（当時、筑波大２年）、高校生の佐々木朗希（ロッテ）、西純矢《じゅんや》（阪神）ほどよくは見えなかった。その印象が１年たってガラッと変わった。

20年秋のリーグ戦で見た法政大１回戦、東京大１回戦ではストレートが１５０キロ以上を計測し、ともに無失点（東大戦は7回限りで降板）。投球フォームは完璧。体の近くで腕が振れ、始動からフィニッシュまでの投球タイムは1・9秒前後。下半身主導で投げられるので肩、ヒジに負担がかからず、それでいながら法大戦は完封して112球、東大戦は7回で94球にとどまっている。

自己最速は155キロと速く、変化球は横変化のスライダーにカーブ、カットボール、ツーシームがあり、それらをストレートとまったく変わらないフォームで投げ分けられるところが最大の長所である。楽天の先発陣は田中将大、岸孝之、涌井秀章、則本昂大とリーグを代表する顔ぶれが揃っているが、揃って30歳代。将来を託せる20歳代がほしいと思っていたタイミングで当たりクジが飛び込んできた。

2位高田孝一（法政大・投手）も即戦力候補だ。私が見た20年春（と言っても8月）の早大戦が151キロ、秋の明治大戦が154キロと、早川を上回る速さを計測した。投球タイムは早川より長く2・5秒程度。始動したあと静止し、そこからテークバックに向かうためタイムが長くなる。

真下にボールを叩きつけるようなフォームは藤川球児（元阪神）に似ているが、140キロ台でも空振りを取れる藤川に対して高田のストレートはよく当てられる。外角にボールが集中するため、内角を恐れない打者が躊躇なく踏み込めるからだ。そもそも腕を前に振っていくとき体がキャッチャーに向かわず外角のほうに向いている。左打者にも同じなので、投球フォームの問題ではない。内角を突けない精神的な怯え、あるいは内を攻めなくても球威で打ち取れるという驕りのように私には見える。

変化球はカーブ、スライダー、フォークボール、チェンジアップがあり、いいのはフォークボール。それでも、奪三振は早川のようには多くない。4年秋の奪三振率は早川が14・48だったのに対して高田は７・98。ほぼ半分である。球威や変化球の変化の大きさより、体の開きや球持ちの長短という技術的な差が原因だろう。適性は短いイニングで腕が振れるリリーフ。昨年の楽天は松井裕樹、酒居知史、シャギワ、宋家豪《ソンチャーホウ》、安樂智大《あんらくともひろ》、寺岡寛治《かんじ》のリリーフ陣が揃って防御率が３点以上だったので、働き場所はたくさんありそうだ。

３位藤井聖《まさる》（ＥＮＥＯＳ・投手）は東洋大時代、同年齢に上茶谷大河《かみちゃたにたいが》（ＤｅＮＡ）、梅津《うめつ》晃《こう》大《だい》（中日）、甲斐野央《ひろし》（ソフトバンク）がいて、２学年下にも村上頌樹《しょうき》（阪神５位）がいたので、リーグ戦では10試合の登板にとどまり成績は０勝１敗。

18年秋の東洋大対立正大戦で藤井を初めて見たとき、１４８キロのストレートや縦変化のチェンジアップ、スライダーのキレのよさに目をみはった。傍にいた阪神の吉野誠スカウトに「１５０出ますよ」と教えてもらい、「上位候補じゃないですか」と言うと、「もう社会人に決まっています」と言われて納得した。

あれから2年して社会人球界を代表する左腕になった。20年の都市対抗では1回戦の東邦ガス戦がリリーフ、2回戦のHonda戦が先発して防御率0・84。東邦ガス戦が5回投げて被安打6で無失点、Honda戦が5回3分の2を投げて被安打3、与四死球5で失点1という内容で、粘り強さに感心した。気になったのはストレートの回転数不足。

20年の都市対抗を中継したBSテレビ放送のJスポーツ1はトラックマンによるボールの速度、回転数を紹介していたが、藤井の回転数は2050以下が多かった。プロ野球の平均は2200~2300なので明らかに少ない。チームメイトになる岸、涌井、則本を参考にして投球フォームを見直すべきだろう。

4位内間《うちま》拓馬《たくま》（亜細亜大・投手）は侍ジャパン壮行試合に登板し、ストレートが148キロを計測した。20年秋のリーグ戦、立正大戦では先発して150キロを計測しているので、速さは楽天投手陣の中でも上位だろう。ただ、打者を力で抑え込むシーンをあまり見ていない。立正大戦では1回裏、右打者の1番に149キロをレフトに弾き返され、左打者の4番には150キロをライトへタイムリー二塁打を打たれている。壮行試合でも2死一、二塁の場面で石川昂弥《たかや》（中日）にストレートを2点二塁打されている。

立正大戦では2回以降、変化球を主体に切り替え、2~5回までノーヒットに抑え、三振7個を奪っている。スライダー、カーブ、チェンジアップなどの変化球を多めに使うことでストレートを効果的に見せる、そういう緩急のツボを早く手に入れたい。ちなみに、立正大戦2～5回までに奪った7三振のち5個の結果球はストレートだった。

5位入江大樹《だいき》（仙台育英高・遊撃手）は19年秋の明治神宮大会準々決勝、天理高戦で2対5の劣勢をひっくり返す3ランをレフトスタンドに放り込み、注目を集めた。バットの引きに力みがあるなと思った6回裏、技巧派のスライダーを縦スイングで捉えると、打球はライナーでライトスタンドに飛び込んだ。和田一浩（元中日など）を思わせる縦振りで、1ボールからのファーストストライクを打ちにいった積極性に注目した。内・外野の境あたりで守る守備位置の深さは強肩に対する自信で、その反面、捕ってから投げるまでのもたつきや腰の高さが不安要素である。

6位内星龍《うちせいりゅう》（履正社高・投手）は昨年の8月下旬に行われたプロ志望高校生合同練習会に参加し、ストレートが最速147キロを計測して注目された（自己最速は148キロ）。カーブ、スライダー、カットボール、スプリットのキレもよく、これで履正社高ではエースどころか公式戦にも満足に登板できなかったのかと、同校投手陣の層の厚さに驚かされた。テークバックで右腕をセンター方向に伸ばすフォームはジャパン代表の山本由伸《よしのぶ》（オリックス）を思わせ、本人も山本を目標にしているらしい。伸びしろがたっぷり残った未完の大器と言っていい。

北海道日本ハムファイターズ

伊藤大海

「高校卒投手」軽視のドラフトが低迷の原因

年	シーズン順位	交流戦順位	観客動員数
2016	1位	5位	207万8981人(5位)
2017	5位	9位	208万6410人(5位)
2018	3位	5位	196万8916人(7位)
2019	5位	7位	197万516人(7位)
2020	5位	—	27万6471人(11位)

＊(　)は12球団中の順位

選手の年齢構成（日本ハム）

年齢	投手	捕手	一塁手	二塁手	三塁手	遊撃手	外野手
18・19	根本悠楓			細川凌平			
20						上野響平	
21	吉田輝星 柿木蓮 北浦竜次	田宮裕涼			野村佑希		万波中正
22	田中瑛斗		清宮幸太郎	難波侑平			
23	堀瑞輝 河野竜生 立野和明 望月大希	郡拓也 梅林優貴 古川裕大	今井順之助				五十幡亮汰
24	鈴木健矢 伊藤大海					平沼翔太	片岡奨人 今川優馬
25	石川直也 福田俊	清水優心	高濱祐仁				淺間大基
26	生田目翼	石川亮		渡邉諒			
27	上沢直之 上原健太 井口和朋			石井一成	樋口龍之介		
28	西村天裕	宇佐見真吾		横尾俊建			近藤健介 松本剛 王柏融
29	公文克彦 加藤貴之 玉井大翔 杉浦稔大					ロドリゲス	西川遥輝 谷口雄也
30	ロドリゲス				谷内亮太	中島卓也	杉谷拳士
31	バーヘイゲン アーリン						大田泰示
32	秋吉亮		中田翔				
33	斎藤佑樹						
34							
35～	宮西尚生 金子弌大	鶴岡慎也					

[註]ポジションは20年の一、二軍の守備成績を参考

3位以下は大学生&社会人のリリーフ候補ばかり

本拠地を東京ドームから札幌ドームに移転したのが04年。それ以来、19年まで2年連続してBクラスに低迷することはなかったが、19、20年に5位に転落。ソフトバンク、西武、日本ハムが上位に君臨するパ・リーグの凪いだ勢力図に一石が投じられた感がある。

昨年の2020年版では23年に開場する新球場の素晴らしさを紹介したあと「このスケールと投手陣のスケールが合致してないというのが現在の大きな問題」と批判した。この物足りない投手陣は依然として改善されていない。

ドラフトの本を書けば「日本ハムのドラフト」が目次になるくらい04年以降の球界を席捲したのが日本ハムのドラフト戦術。ダルビッシュ有に始まり、大谷翔平、有原航平など、高校生、大学生に関係なく即戦力度より将来性に目を向けるのが日本ハム流の大きな特徴である。その流れが変わってきたのは15年から。

1位で入札した髙橋純平（ソフトバンク）、田中正義《せいぎ》（ソフトバンク）、佐々木朗希（ロッテ）の当たりクジを引けなかったのは仕方がない。問題は大学生、社会人投手の指名が多すぎることだ。12球団を見回して、ドラフト3位以下の高校卒投手で成功したのは08年以降の

10年間では、辛島航《からしまわたる》、西野勇士《ゆうじ》、西勇輝、秋山拓巳、中﨑翔太、千賀《せんが》滉大《こうだい》、上沢直之、二《ふた》木《き》康太《こうた》、田口麗斗《かずと》、岩下大輝《いわしただいき》、山本由伸《よしのぶ》、種市篤暉《たねいちあつき》の12人。それに対して大学生&社会人出身は攝津《せっつ》正《ただし》、谷元圭介、増井浩俊、福山博之、益田直也、一岡竜司、井《い》納翔一《のうしょういち》、秋吉亮、三上朋也、祖父江《そぶえ》大輔、岩崎優《いわざきすぐる》、高梨雄平、平井克典の13人。同じような人数だが、高校卒がまったく成績を残していない選手が多いのに対し、大学生&社会人出身は楽天の森原康平やロッテの有吉優樹のように成功未満であっても、それに近い成績を残している選手が多い。日本ハムのフロントは、そこに着目したのだろう。

15年は8人中5人、16年は9人中2人、17年は7人中4人、18年は7人中2人、19年は7人中4人、20年は6人中1人が、大学生&社会人の投手だった。西勇輝、千賀、山本由伸、種市のような「化ければ凄い」可能性より、「リリーフとして役に立つ」現実のほうに目を向けたのだ。それはわからなくもないが、3位以下で高校生を指名したのが10年間で土屋健二、運天《うんてん》ジョン・クレイトン、上沢、石川直也、立田《たつた》将太《しょうた》、高山優希、田中瑛《えい》斗《と》、北浦竜次の8人だけというのは少なすぎる。20年1月27日現在、30人の投手陣（3人の外国人を含む）のうち高校卒は8人。ソフトバンクの12人とくらべるとかなり少ない。

攻撃陣の高校卒は粒揃いだ。移籍組の大田泰示を入れて高校卒が9つのポジションのうち7つを奪う勢いにある。シーズン前、評論家による順位予想はほとんどが前年の成績をなぞっているので、2年連続Bクラスの日本ハムは下位に予想されることが多い。ただでさえ、エースの有原がポスティング制度を利用してレンジャーズに移籍しているのである。それでも日本ハムが3年連続してBクラスに低迷するとは思えない。プロ野球はユニフォーム組よりフロントの頭脳くらべが重要、というのが私の考えだからだ。それくらい日本ハムフロント陣には信頼感がある。

近年の変化は、それまでは見向きもしなかった育成ドラフトに18年から参加したことだ。18年に1人、19年に3人、20年に2人を指名し、19年2位の樋口龍之介は昨年、イースタンリーグで細川成也《せいや》（DeNA）に次ぐ12本塁打を放ち、一軍戦では25試合に出場して打率・140、本塁打1。18年育成1位の海老原一佳《かずよし》もファームで10本のホームランを放っている。23年に自前の新球場「エスコンフィールド北海道」が開場すれば、経済的な縛りからも少しは解放され、さらに育成ドラフトは活発化するだろう。

投手陣もファームでは成長の跡が見える。とくに期待がかかるのは左腕の北浦竜次と右腕の吉田輝星《こうせい》。19、20年のイースタンリーグでの防御率は北浦が3・38→1・74（チームでただ1人規定投球回に到達）、吉田4・35→2・56（規定投球回に1イニング不足）。与四球率は北浦が2・76、吉田が1・66と上々。有原が抜けた今ほど若手の台頭が望まれているときはないので、チャンスはいくらでもある。

スタメン分析

三遊間に新しいコンビが誕生する予感

最も不安のあるポジションは捕手だ。投手のボールを後ろに逸らす「捕逸（パスボール）」がリーグ最多の13個を記録。それに次いで多いのが西武と中日の9個だからかなり差がある。清水優心《ゆうし》の7、宇佐見真吾の4をどこまで減らすことができるのか。19年は清水3、鶴岡慎也2など7個だったのでほとんど倍増している。

清水が捕逸したときの投手は鈴木健矢、金子弌大《ちひろ》、村田透《とおる》、堀瑞輝、玉井大翔《たいしょう》、吉田輝星、宮西尚生《なおき》、宇佐見のときも河野《かわの》竜生《りゅうせい》、マルティネス（現ソフトバンク）、井口和朋、吉田輝とバラバラ。吉田輝が1回ずつ重なっているだけで、共通項は見当たらない。しっかり練習するしかない、ということだろうか。ちなみに、投手の暴投（ワイルドピッチ）もマルティネス（現ソフトバンク）の8がリーグワースト1位で、バーヘイゲンの4は同6位。低めの変化球で勝負するタイプが多いと言われればそうかもしれない。

スタメン候補はいい顔ぶれが並ぶ。最も魅力を感じるのがほとんど実績のない野村佑希、平沼翔太で組む三遊間。野村は7番・三塁手でスタメン出場した7月7日のオリックス戦で打球が右手小指を直撃して休養を余儀なくされたが、その時点で打率・217、本塁打

2を記録、次代の主軸を強く印象づけた。10月29日には故障から復帰、11月1日のオリックス戦で4打数2安打4打点、3日の西武戦で4打数2安打2打点、4日に4打数1安打（1本塁打）、2打点、6日のオリックス戦では5番でスタメン出場し4打数3安打2打点の大当たり。最終的に打率・257、本塁打3、打点18まで引き上げた。

野村は高校時代からプロでも苦手とする内角全般の球をコンパクトな縦スイングで捉え、豪快にレフトスタンドに運ぶ異能の選手。4番中田翔の成熟期に間に合い、1学年上の清宮幸太郎との同時ブレイクが実現すれば、日本ハムの新しい顔になるかもしれない。

スタメン候補

	[スタメン]	[控え]
捕	＊宇佐見真吾	清水　優心
		石川　　亮
一	中田　　翔	
二	渡邉　　諒	＋杉谷　拳士
三	野村　佑希	ロニー・ロドリゲス
遊	＊平沼　翔太	＊中島　卓也
左	＊清宮幸太郎	＊淺間　大基
中	＊西川　遥輝	松本　　剛
右	大田　泰示	＊王　　柏融
D	＊近藤　健介	＊五十幡亮汰

＊は左打ち、＋は両打ち

平沼もバッティングが素晴らしい選手だ。昨年、52試合に出場して36安打中本塁打ゼロを見ればチャンスメーカータイプと思われるかもしれないが、鋭いライナー性の打球に特徴があり、二塁打6、三塁打2は俊足を証明している。

それでもレギュラーの座は微妙。新外国人、ロドリゲスが入団したからだ。栗山英樹監督のコメント「セカンド、サード、ショートと内野の複数ポジションをこなし、2019年にはメジャーで二桁本塁打を放った長打力が魅力」とあるように、19年はタイガースで84試合に出場し、61安打、14本塁打、打率・221を記録している。

振り幅の大きいスイング軌道を見れば安定してヒットを量産するタイプでないことはわかるが、二塁手、遊撃手としての守備、とくにフィールディングの柔らかさと強肩はファンを沸かせそうだ。

外野は新人の韋駄天、五十幡《いそばた》亮汰《りようた》を入れるつもりだったが、ポスティンシステムでメジャーをめざした西川遥輝の残留が決まったため中堅・西川、右翼大田は昨年通り、残りの左翼のポジションにプロ4年目を迎える清宮を入れた。

清宮は伸び悩みと言われることが多いが、私が一軍定着の目安に置く「シーズン100安打」を4年目に達成したのは中田、西川、近藤（ともに日本ハム）、丸佳浩（当時広島）、山田哲人（ヤクルト）、鈴木誠也（広島）、岡本和真（巨人）など錚々たる選手が並ぶ。今年の清宮は自身初の自主トレを行っているように懸命さがうかがえる。100安打の壁はもちろん、中田、野村と組むクリーンアップも見てみたい。

浅間《あさま》大基《だいき》、王柏融《ワンボーロン》は厳しいシーズンが続いている。スーパーサブの松本剛《ごう》も絡めた好投手獲得のトレード戦略をめざしていいかもしれない。

ピッチングスタッフ分析

上沢、バーヘイゲンが二枚看板

有原がレンジャーズ入りして薄かった先発投手陣の層がさらに薄くなった。過去2年、規定投球回に到達しているのは有原だけ。１００イニング以上投げているのも19年が金子、20年がバーヘイゲンだけ。果たして今季のファイターズは大丈夫だろうか。

昨年、マルティネスの去就が話題になっていたとき、バーヘイゲンが残留すれば問題ないと思った。バーヘイゲンの武器は最速１５０キロ台中盤に達するストレートとスライダー、カーブ、ツーシームの変化球。どれも一級品だが、最大の武器ということなら制球力と言いたい。カーブはナックルカーブと言われる大きい角度で縦に落ちる球で、スライダーは打者の近くで鋭く横に変化し、ツーシームは１５０キロを超える速さでほんの小さく変化するボール。ストレートも交えてテンポよくそれらの緩急を高低、内外にきちっと投げ分ける姿を見ていると、ソフトバンクを退団したムーアのようにメジャーリーグから声がかからないかと心配になる。

昨年の成績は８勝６敗、防御率３・22と平凡だが、与四球率２・34、奪三振率９・27は先発としてはトップレベル。球数が90～１００に達するとマウンドを降りるので勝ち星を

ピッチングスタッフ			
［先発］	［中継ぎ］	［抑え］	［その他］
上沢　直之	＊宮西　尚生	伊藤　大海	金子　弌大
バーヘイゲン	玉井　大翔		＊北浦　竜次
杉浦　稔大	＊加藤　貴之		石川　直也
＊上原　健太	秋吉　亮		＊福田　俊
＊河野　竜生	＊公文　克彦		吉田　輝星
＊アーリン	＊堀　瑞輝		

＊は左投げ

得るにはどうしてもリリーフの助けがいる。昨年、日本ハムのセーブはリーグ5位の25、ホールドもリーグ5位の83。このあたりがちょっと不安だ。

今年のファイターズをあまり心配していないのはバーヘイゲン以外にも、上沢、杉浦稔大《としひろ》、上原健太、河野が先発陣に揃っているからだ。18年にヤクルトから移籍した杉浦は1年目に3試合に登板して2勝0敗に終わっているが、2年目に4勝4敗、3年目は17試合に登板して7勝5敗と成績が右肩上りの状態。MAX150キロ前後のストレートの速さはヤクルト時代と変わらないが、左肩の開きが遅くなったことでボールの出所が見えにくくなっている。

通算奪三振率7・91が示すように、三振は多く取ってきた投手だが、昨年は自己最長の74回3分の2を投げ、奪三振率8・20を記録している。低めストレートが伸び、空振りを多く取れるようになったので、ヤクルト時代のような重苦しさがなくなってきた。

昨年成長したのは杉浦だけではない。15年ドラフト1位の上原も成長している。サイドハンドに挑戦したときは、もう上原は終わったと思ったが、昨年はスリークォーターまで腕を上げ、胸を張って力強く腕を振って150キロに迫るストレートを投げていた。メジャーリーグ関係者が今の上原を見れば、通算5年間で7勝11敗、防御率4・83の投手とは思わないだろう。

上沢、バーヘイゲン、杉浦、上原に2年目の河野、新外国人のアーリンが続くが、私が期待しているのは4年目の左腕、北浦と3年目の吉田輝星。最初にも紹介したので詳述は避けるが、大学卒、社会人出身が並ぶ投手陣に上沢、堀以外にも高校卒を入れ、出自のバランスを取りたい。

課題のリリーフ陣の整備はドラフト1位、伊藤大海の右腕にかかる。速いストレートに多彩な変化球を交えて、全日本大学野球選手権でも強豪校を苦しめてきた投手だ。シーズン後半には昨年8月にトミー・ジョン手術を終えている石川直也の復帰も期待したい。

有原をメジャーリーグに送り出せたのは、残ったメンバーで戦えるという手応えがあったからだろう。彼らが揃えば、先発かリリーフかわからない不安定な立場にいた金子弌大、加藤貴之、堀も生き返るはずだ。

ドラフト分析

弱点補強だけを見据えた日本ハムらしくない戦略

1位伊藤大海（苫小牧駒澤大・投手）は駒大苫小牧高時代から目立っていた。14年春のセンバツ大会では2年生ということもありストレートはまだ130キロ台だったが、90キロ台のカーブ、110キロ台のスライダーを交えた緩急や内外をていねいに突くコントロールを備えていた。16年には東都大学リーグの駒澤大に進学、1年春には2部リーグながら早くも登板している。私が見た青山学院大戦1回戦では1点リードした9回裏、無死一、二塁の局面でリリーフし、満塁にされたあと4番打者を併殺打に打ち取ってチームに勝利をもたらしている。

秋に同大学を退学後、生まれ故郷の北海道に戻り、苫小牧駒澤大に再入学。1年間出場できないハンディはあったが、2年生の18年春には6勝0敗、防御率0・35と躍進。強く印象に残っているのはこの年の全日本大学野球選手権2回戦で見た慶應大戦だ。5回に10点を取られ0対11でコールド負けするのだが、149キロを計測したストレートが低めに伸び、ともに角度十分のスライダー、チェンジアップ、カーブを内外に織り交ぜ、これが前日に完投したピッチャーの投げる球かと驚かされた。後日、慶大の林卓史・助監督が「どうしてあんなピッチャーが大学で投げてるんです。プロで投げてるピッチャーでしょ」と興奮気味に話していたのを今でも思い出す。

7月に行われた日米大学野球選手権は4試合に登板（リリーフで3試合）して自責点0、翌19年は5試合すべて抑えで登板、失点は第2戦のソロホームランによる1点だけだった。2大会の成績は12回投げて被安打3、与四球2、与死球1、奪三振15、防御率0・75というもので、18年のハーレムベースボールウィークでもリリーフで6試合に登板して、自責点は0だった。これら国際大会の成績と日本ハム投手陣の現状を見れば誰でもリリーフ、それも抑えとして起用したくなる。

2位の五十幡亮汰（中央大・外野手）も即戦力候補だ。私が初めて見たのは中学3年時の13年夏。リトルシニア日本選手権、東京神宮対世田谷西戦の第3打席で三塁打を放ち、このときの三塁到達が10・76秒だった。今でも「三塁到達10・76秒」は年に1回見られるかどうかの好タイムである。試合後、東京神宮の団長に話を聞くと、大きな短距離走の大会でも優勝経験があるとのこと。実際、この大会後に行われた全日本中学陸上大会の100、200メートル競技では優勝している（サニブラウンに勝った試合として有名）。

弱点である俊足にありがちな走り打ちは佐野日大高、中央大に進んでも直らなかった。20年の夏前に日本ハムの大渕隆・スカウト部長と五十幡の話題になったとき、私が「あのバッティングで上位指名されるんですか」と否定的なニュアンスで聞くと、「あの足は普通じゃないですから」と、確信的な物言いをしていてプロの評価は高いんだと知った。

そして東都大学秋季リーグ戦の亜細亜大1回戦、バッティングには相変わらず迷いがみられたが、俊足は「凄い」を通り越して驚異的ですらあった。第4打席でセンター越えの三塁打を放ち、このときの三塁到達が10・58秒だった。このタイムは見たことがない。昨年のプロ野球で周東佑京《しゅうとうきょう》（ソフトバンク）が10・7秒台で走ったとネット記事に紹介されていたが、それを0・2秒近く引き離している。もちろん、強力なレギュラー候補である。

3位古川裕大《ゆうだい》（上武大・捕手）は強打のキャッチャーだ。ディフェンスが重要視されるポジションなので二盗阻止のときの二塁送球タイムが知りたいが、20年秋の関甲新大学のリーグ戦、平成国際大ではイニング間で強肩の目安になる2秒未満は1本あっただけ。強肩のキャッチャーはマスコミやプロのスカウトに肩の強さを見せたがるので、この点では不満だった。1カ月後に行われた横浜市長杯では準々決勝の武蔵大戦で2秒未満がなく、準決勝の創価大戦では一塁を守り、平成国際大戦ではイニングの途中からショートを守っている。バッティングはいい。小さい動きで反動を封じ込め、外角寄りのボールでもインサイドアウトで振り抜いてライト方向に引っ張る力強さに持ち味がある。

4位細川凌平（智弁和歌山高・遊撃手）は2年の春、夏の甲子園大会でセンターを守り、

3年になってからショートに移っている。注目したのは2番・センターで出場した19年夏の甲子園大会2回戦、明徳義塾高戦で、第2打席でライト前ヒット、第4打席で右中間に3ラン、第5打席でライト前にヒットを放ち、2本のライト前ヒットは初球打ちだった。

1、2番を打つことが多いだけに足は速い。19年春のセンバツ大会2回戦、啓新高戦では第3打席の二塁ゴロのときの一塁到達が3・97秒、第5打席の三塁打のときの三塁到達が11・68秒だった。この試合は雨の影響で2回終了後、1時間50分にも及ぶ中断を強いられている。当然、足場は悪く、私が俊足の目安にする打者走者の「一塁到達4・2秒未満、二塁到達8・2秒未満、三塁到達12秒未満」を計測したのは細川の2本以外では啓新高の2、5番打者が1本ずつ計測しているだけ。細川の走塁に対する積極性がよくわかる。

バッティングは滞空時間の長い一本足打法に特徴がある。19年夏の甲子園大会3回戦では星稜高の奥川恭伸《おくがわやすのぶ》（ヤクルト）と延長14回に及ぶ熱戦を繰り広げ、ヒットはわずかに3本だけ。そのうちの1本を打ったのが9回表、152キロのストレートをレフト前に運んだ細川。内・外野とも人材は不足気味なので早い一軍での起用がありそうだ。

5位根本悠楓《はるか》（苫小牧中央高・投手）は中学時代、軟式の全国大会で優勝している。決勝戦は大会史上初の完全試合を成し遂げ、その後は軟式の侍ジャパンU－15の代表に選出され、アジア選手権では優勝もしている。

投球フォームは小さいテークバックとスリークォーターに特徴があり、ストレートの最速は147キロ。左打者の外に逃げる横変化のスライダーが最大の武器で、奪三振率は10を超える。20年夏の北海道独自大会では南北海道大会に出場し、準々決勝では駒大苫小牧高と対戦、2対3で敗れはしたが完投して15奪三振を記録している。

6位今川優馬《いまがわゆうま》（JFE東日本・外野手）はやや屈んだ体勢でバットを威圧するように揺らす姿は従来の4番打者のようだが、19年の都市対抗では2番をまかされていた。

大きな特徴は好球必打の攻撃的なスタイルだ。私が見た19年都市対抗では2回戦の大阪ガス戦が4回打席に立ってストライクの見逃しはゼロ。決勝のトヨタ自動車戦が5回打席に立って見逃しは1球だけ。大阪ガス戦の第4打席のレフト前、トヨタ自動車戦の第3打席のレフト前ヒットはともに初球打ちだった。大会通算成績は打率・381で若獅子賞を受賞。動画で紹介されている宮川哲《みやがわてつ》（西武）の外角ストレートを捉えてライトスタンドに放り込んだホームランは両方向に打てる今川の長所を多くのスカウトに知らしめただろう。

18、19年に続いて育成ドラフトで指名しているのも目を引く。ファームでホームラン数がチーム1位の樋口龍之介（12本塁打）が19年の育成ドラフト2位、2位の海老原一佳（10本）が18年の育成1位と結果が出ている。樋口は一軍戦にも25試合出場してホームランを1本放っている。遅ればせながら、というところだろう。

オリックス・バファローズ

太田椋

変革を模索する球団の並々ならぬ「覚悟」

年	シーズン順位	交流戦順位	観客動員数
2016	6位	12位	179万4475人(8位)
2017	4位	6位	160万8751人(11位)
2018	4位	2位	162万5365人(12位)
2019	6位	2位	173万3998人(11位)
2020	6位	—	33万3559人(9位)

＊(　)は12球団中の順位

選手の年齢構成（オリックス）

年齢	投手	捕手	一塁手	二塁手	三塁手	遊撃手	外野手
19	山下舜平大 中川拓真						元謙太 来田涼斗
20	宮城大弥 前佑囲斗					紅林弘太郎	
21						太田椋 宜保翔	
22	本田仁海					廣澤伸哉	
23	山本由伸 榊原翼 中川颯						
24	吉田凌 鈴木優 富山凌雅 村西良太				勝俣翔貴		大下誠一郎
25	田嶋大樹 齋藤綱記 漆原大晟		頓宮裕真	中川圭太			宗佑磨 佐野皓大 西村凌
26	山岡泰輔	若月健矢					
27	K-鈴木 澤田圭佑 竹安大知 神戸文也 張奕						
28				山足達也	大城滉二		後藤駿太 吉田正尚
29	山﨑福也 荒西祐大 阿部翔太			福田周平			
30	山田修義 ヒギンス						杉本裕太郎 モヤ
31	金田和之 飯田優也	伏見寅威			西野真弘		
32	吉田一将						小田裕也
33			T-岡田			安達了一	ロメロ
34	海田智行	松井雅人					
35～	増井浩俊 ディクソン 比嘉幹貴 能見篤史						ジョーンズ

［註］ポジションは20年の一、二軍の守備成績を参考

オリックスがどんどん変身して元の顔が見えなくなっている

昨年暮れの漫才日本一を決めるM－1グランプリで優勝したミルクボーイの爆笑ネタ「コーンフレーク」はボケの「うちのオカンが好きな朝ご飯を忘れた」に対して、ツッコミが「一緒に考えてやるからもっと詳しく教えてみてよ」と返すところから始まる。コーンフレークの手軽に栄養が取れる利便性、利便性ゆえに有難味のない無個性ぶりを誉めたり腐したり行ったり来たりするのだが、このやりとりでプロ野球をネタにしたら登場する球団はオリックスしかないと思った。

――そのチームのOBがメジャーリーグ活躍した選手で、時々戻ってきて若い選手と練習するって言うねやな。

それはオリックスだってすぐわかったやないか。

――でもちょっとわからへんのやなぁ。

何がわからへんのよぉ。

――いや俺もオリックス思うてんけどな。

そのOBは「学生野球資格回復研修制度」の認定を受けるため3日間の講習会を受けて、

去年の暮れに甲子園で優勝したこともある高校に行ってコーチしたらしいんね。外野の守備に就いて見本を見せようとノック受けたんやけど、エラーして、ペナルティーでその場で10回ジャンプした言うとんね。教えられた生徒はぼうっと見ているわけにもいかんから一緒に10回ジャンプして。

こんなやりとりのあと、

――でもオカンが言うには、そのチームにはイケメンで若くて高身長の選手がいっぱいいて、前の晩は寝れんかったって言うねんな。

ほな、オリックスと違うかぁ。オリックスには小っちゃい社会人出身の選手がいっぱいいて、2019年5月の試合を見に行ったときは3番大城、4番吉田、5番小島がクリーンアップを打ってて、スポニチ大会かと思うたんやから。

オリックスに高校卒で将来有望な大型選手などいない、それは前身の阪急が68年のドラフトでのちに名球会入りする山田久志、加藤秀司《ひでじ》、福本豊を1、2、7位で指名して以来、阪急・オリックスはドラフト上位で社会人しか指名しない、と強引に話を持っていく。そして、「大阪にファームの球場とサブグラウンドもあって、常勝チームが球団の目標やて」とボケるとツッコミが「ほな、オリックスちゃうやないかい。オリックスに見えるのは1年先の現実だけで、3年先は目に入ってこないのよ」と返す。

最後は「オトンが言うにはなぁ、それは近畿グレートリング（現在のソフトバンク）ちゃうかって言うねん」、「絶対違うやろ、もうええわ」で終わる。

近年の著しい好変貌ぶりと、かつてのベテラン重視、ドラフトにおける社会人重視の顔を、ミルクボーイの漫才ネタを聞いているうちに、マネして茶化したいと思った。茶化す、と言っても、好きだからちょっとからかいたい、くらいの気持ちである。

昨年のドラフトでは1～3位まで超高校級と評価された投手と野手を指名し、5位も強肩が評価された高校生捕手だ。4位のアンダースローの大学生投手、6位の今季29歳になる社会人投手はかつてのオリックスらしい指名だが、19年は1、2位が高校生の投手と野手で、18年も1位は高校生野手だった。この変化の背景には16年4位の山本由伸《よしのぶ》（都城高）の活躍がある。千賀滉大《せんがこうだい》（ソフトバンク）、菅野智之（巨人）と並び称される投手を下位の4位で指名してしまった失礼を戦略の変化で贖《あがな》いたい、ということだろう。

12球団の中で唯一オリックスは大きな変化を模索している途上にある。過去21年間のうちAクラスに入ったのは2位になった08、14年の2回だけ。Bクラスは現在まで6年間継続中である。山本由以外の高校卒でチームの中心になっているのは山本より年長のT－岡田くらいで、チームは相変わらず大学卒、社会人出身が多く占めている。それでもドラフトで高校生重視の戦略を実践しているところに並々ならぬ覚悟を感じるのである。

スタメン分析

わずかだが内野陣に若手台頭の気配が

オリックスの高校生重視の戦略に敬意を表して、二塁、遊撃のスタメン候補に近年のドラフトで上位指名された高校卒の太田椋《りょう》、紅林弘太郎《くればやしこうたろう》を、三塁には大学卒の3年目、中川圭太を置き、外野も売り出し中の佐野皓大《こうだい》をセンターに置いた。内野はベテランの安達了一、大城滉二、福田周平、外野の1枠は高校卒でも中堅の宗佑磨《むねゆうま》、後藤駿太や大学卒の杉本裕太郎のほうが現実的だが、2、3年先を睨んでこういう人選になった。

レギュラーを決めずいろいろな選手の実力を把握したい、という思いがあったのだろう。昨年、100安打以上を放ったのは首位打者になった吉田正尚《まさたか》の143本以外は1人もいなかった。吉田正以下、T‐岡田84、ジョーンズ78、安達77、福田67がチーム内の安打5傑で、規定打席に到達したのは吉田とT‐岡田の2人だけだ。

他球団の100安打以上を見ると、ソフトバンク2人、ロッテ1人、西武4人、楽天4人、日本ハム5人という意外な結果が出た。上位球団のソフトバンクとロッテの少なさがすぐわかる。ここまでパ・リーグ各球団を書いてきて思うのは、打線に関してはソフトバンク、ロッテ、オリックスの首脳陣はいろいろなことを考えて迷い、さらに模索の度合い

スタメン候補

	［スタメン］	［控え］
捕	若月　健矢	伏見　寅威 頓宮　裕真
一	＊T－岡田	大下誠一郎
二	太田　　椋	大城　滉二
三	中川　圭太	＊福田　周平
遊	紅林弘太郎	安達　了一
左	＊吉田　正尚	＊宗　　佑磨
中	＋佐野　皓大	＊後藤　駿太
右	ジョーンズ	杉本裕太郎
D	ロメロ	

＊は左打ち、＋は両打ち

を深めている。チーム内に１００安打以上が1～2人という私なりの謎解きである。この３球団は書いていて楽しかった。

昨年のオリックスはロッテと似ている。チーム成績は次の通りだ。

	打率（リーグ順位）	本塁打	盗塁	得点
ロッテ	・２３５（６位）	90（４位）	87（３位）	４６１（５位）
オリックス	・２４７（４位）	90（４位）	95（２位）	４４２（６位）

得失点差はロッテ－《マイナス》18、オリックス－60。この両チームが日本一のソフトバンクに対して、ロッテ12勝11敗、オリックス5勝17敗と対照的な成績を残している。投手陣の分析で書かなければいけないが、ロッテのソフトバンク戦での得失点差が＋5（得点83、失点78）に対し、オリックスは－41（得点65、失点１０６）と大差をつけられていた。

また、ロッテの12勝のうち1点差は4試合、2点差は3試合あった。つまり僅少差勝利が7試合あった。僅少差の負けも7試合あり、まさに元ホークスの投打の主役、工藤公康と井口資仁《ただひと》による頭脳戦が演じられたのだが、オリックスはそもそも力負けしているので、頭脳戦に持ち込むまでいっていない。19年も7勝16敗と大差をつけられている。

こういう結果を見れば、やることは力負けしない選手を揃えるしかない。これが近年のドラフト戦略の変化に表れているのだろう。では彼ら若手は昨年、ファームでどんな成績を残しているのか。

紅林弘太郎	打席338	打率・220	安打68	本塁打1	打点20
太田　椋	打席166	打率・243	安打35	本塁打3	打点14
（一軍）	61	打率・259	安打14	本塁打3	打点5
佐野皓大	打席 53	打率・220	安打11	本塁打1	打点4
（一軍）	162	打率・214	安打30	本塁打0	打点3
中川圭太	打席154	打率・333	安打45	本塁打5	打点33
（一軍）	155	打率・146	安打21	本塁打2	打点13

太田と佐野は一軍定着を間近にしているのがわかるし、中川は新人年の19年に105安打を放っている。そういうことを考えればオリックスの夜明けは近いところまできていると言っていいと思う。

ピッチングスタッフ分析

リリーフ陣の強化が最大のテーマ

オリックス投手陣は与死球が少ない。19年は多い順に西武93、ソフトバンク67、ロッテ50、楽天49、オリックス43、日本ハム40と並び、シーズン成績は1位西武、2位ソフトバンク、3位楽天、4位ロッテ、5位日本ハム、6位オリックス。

昨年はソフトバンク56、西武53、楽天46、日本ハム43、オリックス39、ロッテ28でシーズン成績は1位ソフトバンク、2位ロッテ、3位西武、4位楽天、5位日本ハム、6位オリックスだった。与死球の少ないロッテが2位にいる以外は順位と与死球の数はほぼ比例している。歴代与死球ランキング10傑の中に1位東尾修、米田《よねだ》哲也、山田久志、村田兆治、平松政次《まさじ》という200勝投手（米田は350勝投手）がいて、現役では涌井秀章《ひであき》、中田賢一、石川雅規《まさのり》、西勇輝が40傑の中にいる。中田以外の現役を見ればコントロールのいい選手ばかり、つまり与死球＝精密機械の公式が成り立つ。

「投球フォームがいいピッチャーは打者に威圧感を与えない」と言う人がいるが、投球フォームがよければコントロールはいいはずなので、体に近いぎりぎりの内角を攻め、ときには顔、頭以外にぶつけることも可能だ。投球フォームがよくても打者に威圧感を与える

ピッチングスタッフ

[先発]	[中継ぎ]	[抑え]	[その他]
山本　由伸	平野　佳寿	ディクソン	吉田　一将
山岡　泰輔	漆原　大晟		吉田　　凌
＊田嶋　大樹	比嘉　幹貴		澤田　圭佑
張　　奕	＊山田　修義		＊宮城　大弥
榊原　　翼	ヒギンス		＊富山　凌雅
＊山﨑　福也	本田　仁海		

＊は左投げ

〝荒れ球〟は演出できる、ということを言いたかった。

山本の19～20年の与死球数は3→6と推移している。リーグ上位は石川柊太《しゅうた》（ソフトバンク）12、高橋礼（ソフトバンク）9、髙橋光成、平良《たいら》海馬《かいま》、ニール（ともに西武）8、田嶋《たじま》大樹《だいき》（オリックス）7で、山本はこのあとに続く。19年にくらべ試合数が減っての7個は攻撃精神の高まりが感じられる。ただ、ソフトバンク戦に最多の6試合（40イニング）投げながら与死球はゼロ。最も抑えている西武戦（防御率0・93）の4個が最多で、最も打たれているロッテ戦（防御率4・12）の1個は逆じゃないかとツッコみたくなる。

山本と両輪を組む山岡泰輔《たいすけ》はソフトバンク戦の登板が1試合しかなく、成績は0勝1敗、防御率9・00。これは山岡より首脳陣の問題と言っていい。ソフトバンク戦に先発したのは山本と田嶋大樹の6試合が最多で、山﨑福也3試合、アルバース、張《チョウ》 奕《ヤク》が2試合で続く。山本を評価できるのは先発した6試合中、4試合でぶつかったのが千賀だったこと。チームは2勝4敗で負け越したが、6～8回を投げてほとんどの試合が接戦だった。打線の強化とともに、山本の勝利をアシストできるリリーフ陣の整備が今年は重要になるだろう。

昨年20試合以上投げ、防御率3点未満を記録したリリーフ投手を紹介しようと思ったが、比嘉《ひが》幹貴《もとき》0・71、吉田凌《りょう》2・17、ヒギンス2・40……で止まってしまった。抑えのディクソンが3・28、以下、増井浩俊3・03、漆原大晟《うるしはらたいせい》3・42、澤田圭佑3・43、山田修義《のぶよし》3・89、吉田一将《かずまさ》4・08と軒並み3点以上の惨状。

比嘉、吉田凌、ヒギンス以外では左の山田、実績でディクソン、吉田一将、若さと球威で漆原がスタッフに入ってきそうだ。ディクソンは先発転向が伝えられているが、過去の実績を見ると、リリーフに転向していなければすでにチームに残っていないと思う。

このリリーフ陣を考えていた2月6日、マリナーズ・平野佳寿《よしひさ》のオリックス復帰のニュースが飛び込んできた。契約内容は1年契約の年俸1億5000万円＋出来高と伝えられている。メジャー3年間の通算成績は150試合登板、9勝9敗8セーブ48ホールド、防御率3・69とまあまあだが、ダイヤモンドバックスでプレーした2年間は、18年が75試合、19年が62試合という登板数の多さで、18年は防御率が2・44。中継ぎとして主力級の働きだったことがわかる。私が期待するのも抑えの前に登板する中継ぎ。勝利の方程式が見えてきた今季のオリックスは上位球団には厄介な存在だろう。

ドラフト分析

3年連続高校生の1位指名は3年先を見越した戦略の賜物

入札した佐藤輝明（阪神）を抽選で外し、**山下舜平大**《しゅんぺいた》（福岡大大濠高・投手）を**1位**指名、これで過去3年間の1位指名は高校生になった。67〜99年までの33年間でBクラスが5回だったのが、00年以降の21年間は反対にAクラスがわずか2回。即戦力重視だったドラフト戦略を変えることで低迷から何とか脱したいという思いがよく見える。

山下は甲子園大会には出場していないが、下級生の頃から大物ぶりが評判になっていた。その姿は昨年夏に行われた「プロ志望高校生合同練習会」（以下、合同練習会）を中継したテレビ画面を通じて全国の野球ファンに伝えられた。西日本会場では加藤優弥《ゆうや》（金沢龍谷高）、内星龍《せいりゅう》（履正社高→楽天6位）、桑原秀侍《くわはらしゅうじ》（神村学園→ソフトバンク育成3位）の本格派を尻目に、1人だけストレートが150キロを超えた。東日本会場でも美《み》又王寿《またおうじゅ》（浦和学院高）、橋本拳汰《けんた》、鈴木威琉《いりゅう》（ともに健大高崎高）、シャピロ・マシュー・一郎（国学院栃木高）、豆《まめ》田《だ》泰志《たいし》（浦和実業高→西武育成4位）、西濱勇星《にしはまゆうせい》（関東学園大付高）、内田了介（埼玉栄高）が145キロを超えたが、150キロは1人もいなかった。

「小さくまとまる投手にはしたくない」という福岡大大濠高監督の思いもあって、実戦で投げる変化球はカーブだけ。投球フォームは文句ない。始動で上げた左足が軸足の後ろに入らないので反動を生むねじりが抑えられ、早い体の開きも見られない。このフォームのよさがあるから右打者の内角に腕を振って145キロを超えるストレートが投げられる。2年目に本格化した山本由伸と同様のサクセスロードを歩めそうだ。

2位元謙太《げんけんだい》（中京高・外野手）は19年夏の甲子園大会での活躍が記憶に新しい。2回戦の北照高戦は9番・左翼手でスタメン出場して3打数3安打。3回戦の東海大相模高戦は3番に上がって4打数0安打も3番手としてリリーフ登板してストレートは最速138キロを計測。準々決勝の作新学院高戦は7番に下がるが2対3でリードされた8回裏、無死満塁から満塁ホームランを放ち、準決勝の星稜高戦は奥川恭伸（ヤクルト）に3打数0安打に抑えられている。

ヒットを打ったときの一塁到達は4・7秒以上が多く、見どころはない。外野守備は東海大相模高戦でタイムリーを打たれたとき二塁走者の生還を補殺しようとホームに送球したのが減点材料。絶対に間に合わないタイミングで、この返球の合間に打者走者は二塁に進んだ。バッティングも含めて粗っぽさが目立つ選手だが、高校生主体のドラフト戦略は舞洲のファーム施設で完成度の低い素材を育成し直す、という意思の表明でもある。そういう育成戦略を評価するには元は格好のモデルと言っていい。

3位来田《きた》涼斗《りょうと》（明石商高・外野手）は元と違って、完成度が高い。19年のセンバツ大会2回戦、大分高戦では1番・中堅手としてスタメン出場して第2打席でカーブを捉えてライト戦に三塁打を放ち、三塁到達タイムは〝超高校級〟と言っていい11・18秒。準々決勝の智弁和歌山高戦では0対1で迎えた1回裏に先頭打者ホームランを放ち、3対3で迎えた9回裏にはやはり先頭打者としてライトにホームランを放っている。

同年夏の選手権では2回戦の花咲徳栄高戦で0対1でリードされた5回裏、2死走者なしの場面でレフト前ヒットを放ち、次打者の2ランにつなげている。3対3で迎えた7回には先頭打者として二塁打を放ち（二塁到達タイムは7・81秒）3番打者がヒットを放って勝ち越し、準決勝の履正社高戦では4対0でリードされた1回裏、先頭打者としてセンター方向にホームランを放っている。チームが逆境にあるときほどよく打つのが来田の持ち味で、2年夏の選手権も含めた3回の甲子園大会の通算成績は打率・371、本塁打3、打点9。守備に特徴がないので、プロではその面での充実がとりあえずの課題になる。

4位中川颯《はやて》（立教大・投手）はオリックスにはいないアンダースローだ。東京六大学リーグでの通算成績は10勝8敗、防御率3・42。優勝した1年春に10試合に登板、2勝0敗、防御率2・57がベスト記録というのは寂しいが、8シーズン中、6シーズンで勝ち星を挙げている安定感は注目していい。この年の全日本大学野球選手権では3試合に登板して自責点0。59年ぶり4回目の優勝への貢献が認められ最優秀投手賞を受賞している。

リーグ通算の奪三振率7・77、与四死球率3・42も評価できる数値だ。立大での役割はリリーフ。アンダースローでも一塁に走者を置いたときのクイックタイムは1・15秒程度で盗塁されるリスクは少ない。ストレートの球速は130キロ台前半がほとんどで、私が見た中では1年春の早稲田大2回戦の135キロが最速だった。このときは6回からリリーフして、立ち上がりから四球1つを挟んで4連続三振、9回までの3イニングでは6三振を奪った。結果球はストレートが4つ、スライダーが2つ。アンダースローでも体の横振れがなく、打者に向かって縦に振れるのが長所。スライダーは変化点が打者寄りで、打者の見極めを難しくさせている。

5位中川拓真（豊橋中央高・捕手）は2年秋の愛知県大会で享栄高の左腕、上田洸太《こうた》朗《ろう》（中日育成2位）の変化球をレフトスタンドに放り込んでいるように右のスラッガータイプとして知られている。中学時代は硬式ボール使用の東三河ボーイズでプレーしながら学内では陸上部に所属し、3年時には砲丸投げでジュニアオリンピックに出場、6位に入賞したと言われている。この身体能力の高さが二盗を防ぐスローイングにも役立っている。ドラフト翌日のスポーツニッポン紙には「高校通算44本塁打の長打力と遠投110メートル&二塁送球1・83秒の強肩を併せ持つ」と紹介されている。

6位阿部翔太（日本生命・投手）は27歳で指名された遅咲きだ。酒田南高2年夏には捕手として甲子園大会に出場、卒業後は京滋大学野球リーグの成美大（現在の福知山公立大）に進学、1年春には新人王も獲得している。華やかな実績がなくても社会人の名門、日本生命に進み、19年には第29回BFAアジア選手権に選出され、4試合に登板している。

スーパーラウンドの韓国戦では先発して5回を投げ、3失点しながら10奪三振を記録。急激にブレーキがかかって落ちるフォークボールと最速150キロのストレートを武器にする。20年の都市対抗では2番手として登板し、2回3分の2を投げて自責点2。打たれているがこの試合ではコントロールのよさでも際立ち、ドラフトの指名につなげている。

今ドラフトでは育成で6人の選手を指名したのも目を引いた。19年の8人に続く大量指名には張奕、榊原翼《さかきばらつばさ》、神戸《かんべ》文也《ふみや》、漆原大晟、大下誠一郎を一軍の戦力に押し上げた自信がうかがえる。1位川瀬堅斗《けんと》（大分商高・投手）、2位辻垣高良《たから》（学法福島高・投手）、3位宇《う》田川《だがわ》優希（仙台大・投手）、4位釣《つり》寿生《じゅい》（京都国際高・捕手）、5位佐野如一《ゆきかず》（仙台大・外野手）、6位古《こ》長拓《ちょうたく》（BCリーグ福島・内野手）は支配下での指名があっても不思議でない選手。指名後、仙台大の宇田川と佐野が入団を拒否するのでは、と報道されたのは、2人が支配下での指名を考えていたからに他ならない。このへんにもオリックスの攻撃的な指名戦略がうかがえる。

セントラル・リーグ戦力徹底分析！

2021

2020年データ

チーム	勝	敗	分	勝率	差	打率	得点	防御率
巨　人	67	45	8	.598	—	.255③	532①	3.34①
阪　神	60	53	7	.531	7.5	.246⑤	494④	3.35②
中　日	60	55	5	.522	8.5	.252④	429⑥	3.84④
DeNA	56	58	6	.491	12.0	.266①	516③	3.76③
広　島	52	56	12	.481	13.0	.262②	523②	4.06⑤
ヤクルト	41	69	10	.373	25.0	.242⑥	468⑤	4.61⑥

※○内数字は順位
※新型コロナウイルスの影響により当初の日程を変更したため、クライマックスシリーズは中止となり、シーズン1位の巨人が日本シリーズ進出

個人タイトル

MVP		菅野　智之（巨）	
新人王		森下　暢仁（広）	
打撃部門	打率	佐野　恵太（D）	.328
	打点	岡本　和真（巨）	97
	本塁打	岡本　和真（巨）	31
	安打	大島　洋平（中）	146
	出塁率	村上　宗隆（ヤ）	.427
	盗塁	近本　光司（神）	31
投手部門	防御率	大野　雄大（中）	1.82
	勝利	菅野　智之（巨）	14
	勝率	菅野　智之（巨）	.875
	HP	祖父江大輔（中）	30
		福　敬登（中）	
		清水　昇（ヤ）	
	セーブ	スアレス（神）	25
	奪三振	大野　雄大（中）	148

特別表彰

沢村栄治賞	大野　雄大（中）

セ・リーグ2020年ドラフト会議指名結果

球団	順位	選手	守備	所属
読売ジャイアンツ	1位	平内　龍太	投手	亜細亜大
	2位	山﨑　伊織	投手	東海大
	3位	中山　礼都	内野手	中京大中京高
	4位	伊藤　優輔	投手	三菱パワー
	5位	秋広　優人	内野手	二松学舎大付高
	6位	山本　一輝	投手	中京大
	7位	萩原　哲	捕手	創価大
阪神タイガース	1位	佐藤　輝明	内野手	近畿大
	2位	伊藤　将司	投手	JR東日本
	3位	佐藤　蓮	投手	上武大
	4位	榮枝　裕貴	捕手	立命館大
	5位	村上　頌樹	投手	東洋大
	6位	中野　拓夢	内野手	三菱自動車岡崎
	7位	高寺　望夢	内野手	上田西高
	8位	石井　大智	投手	四国IL・高知
中日ドラゴンズ	1位	高橋　宏斗	投手	中京大中京高
	2位	森　博人	投手	日本体育大
	3位	土田　龍空	内野手	近江高
	4位	福島　章太	投手	倉敷工業高
	5位	加藤　翼	投手	帝京大可児高
	6位	三好　大倫	外野手	JFE西日本
横浜DeNAベイスターズ	1位	入江　大生	投手	明治大
	2位	牧　秀悟	内野手	中央大
	3位	松本　隆之介	投手	横浜高
	4位	小深田　大地	内野手	履正社高
	5位	池谷　蒼大	投手	ヤマハ
	6位	高田　琢登	投手	静岡商業高
広島東洋カープ	1位	栗林　良吏	投手	トヨタ自動車
	2位	森浦　大輔	投手	天理大
	3位	大道　温貴	投手	八戸学院大
	4位	小林　樹斗	投手	智弁和歌山高
	5位	行木　俊	投手	四国IL・徳島
	6位	矢野　雅哉	内野手	亜細亜大
東京ヤクルトスワローズ	1位	木澤　尚文	投手	慶應大
	2位	山野　太一	投手	東北福祉大
	3位	内山　壮真	捕手	星稜高
	4位	元山　飛優	内野手	東北福祉大
	5位	並木　秀尊	外野手	獨協大
	6位	嘉手苅　浩太	投手	日本航空石川高

読売ジャイアンツ

松原聖弥

今もっとも必要なのは「凡事徹底」できる名脇役

年	シーズン順位	交流戦順位	観客動員数
2016	2位	7位	300万4108人(1位)
2017	4位	10位	295万8890人(2位)
2018	3位	7位	300万2347人(1位)
2019	1位	3位	302万7682人(2位)
2020	1位	—	49万2526人(4位)

＊(　)は12球団中の順位

選手の年齢構成（巨人）

年齢	投手	捕手	一塁手	二塁手	三塁手	遊撃手	外野手
19			秋広優人			中山礼都	
20	井上温大	山瀬慎之助	菊田拡和				伊藤海斗
21	沼田翔平 横川凱 戸郷翔征				松井義弥	増田陸	
22	大江竜聖		ウレーニャ				
23	堀岡隼人 太田龍 平内龍太 山﨑伊織 山本一輝	萩原哲					
24	髙橋優貴 伊藤優輔						
25	谷岡竜平	岸田行倫			岡本和真		
26	田口麗斗 古川侑利		香月一也	吉川尚輝		北村拓己	松原聖弥
27	畠世周 中川皓太 今村信貴 メルセデス						
28	桜井俊貴 ビエイラ 高梨雄平	大城卓三		若林晃弘		増田大輝	重信慎之介 石川慎吾
29	田中豊樹 戸根千明						
30							
31	鍵谷陽平						立岡宗一郎
32	菅野智之 サンチェス デラロサ	小林誠司					丸佳浩
33						坂本勇人	陽岱鋼 梶谷隆幸
34	野上亮磨	炭谷銀仁朗			ウィーラー		パーラ
35～	井納翔一 大竹寛		中島宏之				亀井善行 テームズ

［註］ポジションは20年の一、二軍の守備成績を参考

日本シリーズの2年連続4連敗で大補強を敢行

巨人は成績が急降下したり何か変事が起こると「現役メジャーリーガー」の肩書のついた大物外国人や、FA権を行使した日本人選手を獲得することが多い。2年連続V逸で臨んだ17年は高橋由伸新監督を迎え、FAで森福允彦《まさひこ》（ソフトバンク・投手）、陽岱鋼（日本ハム・外野手）、山口俊（DeNA・投手）、外国人は楽天の日本一に貢献したマギー（デトロイト・タイガース）を迎え入れた。

前年4位に落ちた18年はFAで野上亮磨《のがみりょうま》（西武・投手）、外国人は前年に中日でホームラン王になったゲレーロ（中日・外野手）を獲得した。

4年連続V逸で臨んだ19年は原辰徳氏が3期目の監督に就任し、前年にメジャーリーグで20本のホームランを放ったビアヌエバ（パドレス・内野手）、元メジャーリーガーの岩隈久志（マリナーズ・投手）、さらにFAで丸佳浩（広島・外野手）、トレードで中島宏之（オリックス・内野手）を獲得した。

20年は目立って大きな動きをしなかった。日本シリーズで勝ちなしの4連敗を喫しても、4年間優勝から遠ざかっていたチームをリーグ優勝に導いたことで、原監督には「名将」

という冠がつくようになった。

そして21年はメジャー通算196本塁打のスモーク（ジャイアンツ・内野手）を筆頭に、14～16年に韓国プロ野球でプレーし、15年に47本塁打、40盗塁を記録したテームズ（ナショナルズ・内野手）、さらにFA権を行使したDeNAの投打の主力、井納翔一《いのうしょういち》、梶谷隆《たか》幸《ゆき》も獲得した。日本シリーズでソフトバンクに屈辱の2年続けて勝ちなしの4連敗を喫したあと、〝パ高セ低〟の声が狼煙のように上がっていた。これは「盟主」を自任する巨人にとって変事だった。

メジャー移籍を模索していた菅野智之の残留はプラスの変事だ。新型コロナウイルスの影響がなければ条件面での齟齬《そご》はなかったはずだが、条件を下げての入団をよしとせず巨人残留を決めた。原監督はホッとしたと思う。菅野がいなくなればエース格は昨年の日本シリーズ第3戦で好投したサンチェス1人になるが、昨年、負けが込んだときのストッパー役を担ったのは菅野である。4連敗で迎えた7月14日の広島戦、3連敗で迎えた8月12日のヤクルト戦、同じく3連敗で迎えた8月25日のヤクルト戦、菅野は5～7イニングを投げ、相手打線を封じた。この前半戦で見せた菅野の連敗ストッパーぶりは目立たないが、巨人の2連覇に大きく貢献している。

オリンピックやWBCの開催に可能性を残す現在、菅野の残留は侍ジャパンにとっても心強い。田中将大《まさひろ》が楽天に戻り、菅野は巨人に残留し、千賀《せんが》は昨年暮れに単年契約でソフトバンクと契約した。田中将、菅野、千賀、山本由伸《よしのぶ》の揃い踏みは正直考えていなかったので、大会が開催され、4人が代表入りしたら野球ファンは大喜びだろう。

スタメン候補を見れば、他球団からの移籍組は丸、梶谷、ウィーラー、炭谷銀仁朗、中島宏之、石川慎吾の6人。投手は井納、高梨雄平、大竹寛《かん》、古川侑利《ゆうり》、鍵谷《かぎや》陽平が移籍組で、合計すると11人。日本シリーズの優勝から遠ざかっている過去8年、思うようなチーム作りができていなかったことをよく表している。

パの上位球団を見ると、ソフトバンクは私が考える主力の中で移籍組はデスパイネだけ。ロッテは福田秀平、茶谷《ちゃたに》健太、美馬学、ハーマンの4人。石井一久GM&監督が先頭に立ってメジャー流をめざす楽天は鈴木大地、浅村栄斗《ひでと》、岸孝之、涌井秀章《ひであき》、牧田和久、福井優也と多いが、巨人にくらべれば穏やかだ。

果たして巨人のフロントトップは〝打倒パ・リーグ〟に目が向いているだろうか。パ高セ低の壁が立ちはだかる今、リーグ2連覇、3連覇という言葉は以前ほど重みのある言葉ではなくなった。セの他球団の模範になってこその巨人軍、という意気込みが最近はあまり伝わってこなくなった。

スタメン分析

凡事徹底できるバイプレーヤーを起用できるか

昨年は20歳代中盤から後半にかけての中堅が存在感を発揮した、16年ドラフト1位の吉川尚輝はアマチュア時代からアクロバティックな守備（このときは遊撃手）が目立ち、中京学院大の先輩、菊池涼介（広島）とイメージが重なったが、これからというときに故障に見舞われチャンスを潰してきた。

9月下旬から1番に定着した昨年は2番・松原聖弥《まつばらせいや》とチャンスメーカー役を務め、吉川11、松原12と盗塁数が拮抗した。松原は規定打席に59不足したが吉川はプロ入り後、初の規定打席到達を果たし、成績は打率・274、本塁打8、打点32を記録した。

巨人には吉川と同じくらいの年齢層（今季26歳）に岡本和真25歳、松原26歳、大城卓三《たくみ》、増田大輝、若林晃弘28歳たちが揃っている。本塁打＆打点の二冠王に輝いた岡本以外はレギュラーを目前にする選手ばかりだ。

規定打席到達を目前にしたのが大城、松原の2人で、若林も左翼手として下位打線に名をつらねることが多かった。増田は74試合に出場しても打数は48と少なく、代走での出場が多かったことがよくわかる。それでもチーム1位の23盗塁を記録している走りのスペシヤリストで、シーズン終盤には1番打者としてスタメン出場している。

アマチュア時代の評価は高くなくても、ファームで実力を蓄え、徐々に頭角を現す生え抜きが慢性的に少ない球団だが、ここ数年は増えている。梶谷の人的補償でDeNAに移籍した田中俊太、金銭トレードで阪神に移籍した山本泰寛もそういう選手だ。彼らアラサー世代の出世争いを今年の巨人戦を見る楽しみにしようと思っていた矢先、FA権を行使した梶谷、さらに実績十分の新外国人、スモーク、テームズを獲得し、目論見はもろくも崩れてしまった。

スタメン候補

	[スタメン]	[控え]
捕	＊大城　卓三	小林　誠司
		炭谷銀仁朗
一	＊スモーク	中島　宏之
二	＊吉川　尚輝	＋若林　晃弘
三	岡本　和真	ウィーラー
遊	坂本　勇人	増田　大輝
左	＊テームズ	石川　慎吾
中	＊丸　　佳浩	＊松原　聖弥
右	＊梶谷　隆幸	＊重信慎之介
		＊亀井　義行

＊は左打ち、＋は両打ち

ソフトバンクは「難攻不落」という圧倒的なイメージで語られることが多いが、攻撃陣の中で超一流と形容できるのは柳田《やなぎた》悠岐《ゆうき》くらいで、最もソフトバンクらしいのは中村晃や周東佑《しゅうとうう》京《きょう》たちバイプレーヤーが繰り広げる凡事徹底のチームプレー。しかし、巨人のフロントは大型選手を揃えて力で圧倒しようと新外国人や他球団の主力を入れた。ソフトバンクの「難攻不落」の幻影に惑わされ、実像を捉えていなかったのである。

巨人が65〜73年に達成したV9は、ON砲（王貞治＋長嶋茂雄）を取り巻く柴田勲、高田繁、末次《すえつぐ》利光、土井正三、黒江透修《ゆきのぶ》、森昌彦たちバイプレーヤーの働きが大きかった。彼らがやったことを簡単に言えば「役割分担」。やることが決まっていたからONにもバイプレーヤーにも迷いはなかったはずだ。この凡事徹底を実践しているのが巨人ではなく、巨人を倒したソフトバンクというのがちょっと寂しい。

今の巨人で凡事徹底をできるのは吉川たち〝アラサー世代〟である。できることだけをきっちりやり、できないことはでしゃばらない。そういう人材は強い球団には必ず数人、揃っている。原監督には新外国人が機能しなかったら迷わず松原、増田大をスタメンで起用する思い切りのよさを見せてもらいたい。

捕手は大城がレギュラーをつかんだ。昨年の守備率・996、盗塁阻止率・340はともにリーグ3位で、打撃成績は打率・270、安打74、本塁打9、打点41だった。以前のレギュラー、小林誠司の最高打率は新人年の・255で、最多本塁打は16年の4本だった。専守防衛が捕手の仕事という意見もあるが、セ・リーグは投手も打席に立つので、打てない打者が2人続くイニングは相手投手を楽にする。大城は同じ左打ちの捕手、阿部慎之助（現二軍監督）に次ぐ〝打てる捕手〟になれる人材で、その部分ではソフトバンクをしのぐ可能性がある。

ピッチングスタッフ分析

菅野智之の残留でリーグ3連覇が見えてきた

ポスティング制度を活用してメジャーリーグ入りすると思われていた菅野智之が残留を決め、投手陣に安堵が広がった。もしメジャーに行っていたら今季の先発陣はかなり手薄になっていたと思う。昨年、規定投球回に到達したのは菅野だけ。前に書いたように前半戦の連敗を止めたのも菅野だった。この菅野と二本柱、あるいは三本柱と言われる先発陣は誰なのか、ソフトバンクとの日本シリーズ第3戦で好投したサンチェス、第1戦で菅野のあとリリーフで投げた戸郷翔征《とごうしょうせい》がその候補になるだろう。

昨年の投手陣のヒーローは菅野と戸郷だ。戸郷は18年ドラフト6位の順位でわかるように高く評価されていたわけではない。2年生だった17年夏の選手権に聖心ウルスラ学園高校のエースとして甲子園のマウンドに立ち、ストレートは最速141キロを計測した。そして翌年8月31日に行われたジャパンの練習試合で宮崎県選抜の投手として登板、ストレートが150キロを計測した。

この試合が戸郷のプロ入りを大きく進めたのだが、名門校でないドラフト6位の選手が、プロ入り2年目で巨人の先発ローテーションに入るとは多くの人は思っていなかっただろ

ピッチングスタッフ

[先発]	[中継ぎ]	[抑え]	[その他]
菅野　智之	＊中川　皓太	デラロサ	＊髙橋　優貴
サンチェス	＊高梨　雄平		桜井　俊貴
＊田口　麗斗	大竹　　寛		平内　龍太
井納　翔一	＊大江　竜聖		畠　　世周
＊メルセデス	鍵谷　陽平		＊今村　信貴
戸郷　翔征	古川　侑利		

＊は左投げ

う。それが19試合に登板すると（先発18試合）9勝6敗、防御率2・76という見事な成績を残した。新人王は森下暢仁《まさと》（広島）の頭上に輝いたが、ポスト菅野の出現を待ち望んでいた首脳陣には待望の本格派出現だった。

4連敗を喫したソフトバンクとの日本シリーズでは第1、2、4戦にリリーフで登板し、「どうして先発でないのだ」という批判の声が一部で上がった。第2戦こそ柳田の左前打のあとグラシアルに2ランを打たれたが、あとの2戦は無安打、無失点に抑え防御率は3・18、奪三振8はチーム内ではナンバーワンだった。

2年目のジンクスは心配だが、昨年中盤の9月以降に2勝4敗と絶不調に陥ったのが、ジンクスの前倒しだと思っている。コントロールが悪そうな振り幅の大きい投球フォームだが、左肩が開かない、テークバック時のヒジの位置が高いなど美点を多く備えているので、ジンクスは大丈夫ではないのかなと思っている。

菅野、戸郷に続くのは日本シリーズ第３戦で好投したサンチェスだ。シーズン成績は８勝４敗、防御率３・08と平凡だが、日本シリーズでは６回３分の１を投げ、強力打線を中村晃の２ランなど自責点３に抑え、信頼を得た。外国人には珍しいスプリットを勝負球にする投手で、ストレートの速さより緩急を低めに集めるコントロールのよさに特徴がある。以上の３人に、田口麗斗《かずと》、畠世周《はたけせいしゅう》、メルセデスにＦＡ移籍の井納を加え、先発候補は７人になる。この質量は阪神と並んでリーグトップクラスと言っていい。桜井俊貴《としき》、髙橋優《ゆう》貴《き》、今村信貴《のぶたか》とドラフト１位の平内龍太《へいないりゅうた》が「その他」のカテゴリーに入るのを見れば、巨人先発陣のレベルの高さがわかる。

リリーフ陣は抑え候補のデラロサ、中継ぎ左腕に中川皓太《こうた》、高梨雄平、大江竜聖《りゅうせい》が揃い、大竹寛、鍵谷陽平のベテランもいるが、リリーフの信頼の証、防御率１点台が高梨だけというのは不安要素だ。若手の本格派ではストレートが１５０キロを超える古川侑利がいるが、防御率11・57では信頼しきれない。注目したいのがドラフト４位の伊藤優輔《ゆうすけ》だ。

最速１５５キロのストレートにカットボール、スプリットを交えた投球に特徴があるが、最も魅力があるのがボールの回転数の多さ。このあとのドラフト分析に紹介しているのでお読みいただきたい。抑えのデラロサは防御率２・56だけでなく与四球率４・55、奪三振率７・96が物足りなく、このポジションに新戦力が割り込む可能性は十分にある。

ドラフト分析

ドラフト後の都市対抗で本領を発揮した4位伊藤優輔に即戦力の気配

東都大学リーグを専門に扱う雑誌『東都スポーツ　２０２０年秋季リーグ展望号』を開くと各校の注目選手が紹介されている。中央大は牧秀悟《しゅうご》（ＤｅＮＡ２位）、五十幡《いそばた》亮汰《りょうた》（日本ハム２位）、亜細亜大は矢野雅哉（広島６位）、内間拓馬（楽天４位）、国学院大は小川龍《りゅう》成《せい》（ロッテ３位）、東洋大は村上頌樹《しょうき》（阪神５位）、駒澤大は若林楽人《がくと》（西武４位）、緒方理《り》貢《く》（ソフトバンク育成５位）、専修大は佐藤奨真《しょうま》（ロッテ育成４位）たちだ。ここに登場していないのは巨人育成５位の前田研輝《けんき》（駒大）以外では**平内龍太**（亜細亜大・投手）だけ。20年秋季リーグ戦の前には身内のジャーナリストでも注目していなかったことがわかる。それが20年秋のリーグ戦に７試合登板して３勝１敗、防御率１・27（リーグ２位）の成績を挙げると評価は「ドラフト上位候補」に跳ね上がった。

佐藤輝明《てるあき》（阪神）の抽選を外して**1位**で平内を指名した戦略は正しいと思う。坂本、丸、岡本たちが揃う攻撃陣に佐藤を加えるより、メジャー移籍の可能性があった菅野の代わりを探すほうが現実的だからだ。２年春の中大戦で見たのが最初で、このときは３回投げて被安打２、奪三振３、失点０という内容だった。最速１４８キロのストレートより90キロ台のカーブに魅力を感じたのは奪った2個の三振の結果球がカーブだったからだ。

3年春の駒大1回戦では3番手で登板、2回投げて被安打3、死球1、奪三振1、失点0。内容はよくないが内回旋でヒジを上げていくテークバックまでの動きや、腕を振って投げにいくときの前傾姿勢など攻撃的精神に満ち溢れた姿だった。

4年秋の立正大1回戦では3番手で登板してストレートが最速１５３キロを計測するが2対2で迎えた9回裏、1死満塁の場面で7番打者に死球を与えてサヨナラ負け。シーズン終了後に満票でMVPに選出され、最優秀投手、ベストナインに輝いても盤石の即戦力と評価できないのは、こういう脆さを何度か見ているからだ。

万全なら平内以上の即戦力と評価したいのが**2位山崎《やまさき》伊織《いおり》**（東海大・投手）。ただ、20年春にトミー・ジョン手術を受けているので登板できるのは22年以降。大学生の山崎を初めて見たのは2年春の首都大学リーグ、武蔵大戦だ。スピードガン表示のない球場だったので球速はわからないが、小さく曲がり落ちるカットボールっぽいスライダーのキレが素晴らしく、これに縦変化のボールも加わり観戦ノートには「ひたすら美しい」と書いた。

翌19年の全日本大学野球選手権（以下、大学選手権）では1回戦で立命館大と対戦し、7回に集中打を浴び、二塁手がけん制エラーなどで3点を失うが、ストレートは最速１５３キロを計測、１３０キロ台で横変化するスライダーにチェンジアップ、カーブを交えて6

回まで被安打2、奪三振7の快投を見せた。試合後、巨人の長谷川国利《くにとし》・スカウト部長（当時）が満面に笑みを浮かべ「最高です」と話す姿が今でも強く印象に残っている。戦列に加わればもちろん戦力になり、その年の新人王候補にもなるだろう。181センチ、72キロでわかるように体重不足。肩、ヒジに負担をかけないためにもリハビリ期間中に体重増と筋力アップを果たしてもらいたい。

3位中山礼都《らいと》（中京大中京高・遊撃手）は2年秋の新チーム以来、負けなしの28連勝を果たした王者の3番打者だ。センバツ大会出場のデータとなる19年秋の打撃成績は打率4割、打点33というもの。打率はレギュラーの中で5位だが打点はナンバーワン。さらに注目されるのは四死球7という数字。2ケタが3人いるので明らかに少ない。19年秋の全国大会、明治神宮大会を振り返ると、ストライクの見逃しは準々決勝の明徳義塾高戦が4打席中2つ、準決勝の天理高戦が1個だった。好球必打が持ち味である。

19年秋は打つ形が個性的だった。投手がモーションを起こすと同時に前足（右足）を小さく前に出し、爪先立ったまましばらく静止し、ほぼノーステップの状態で打ちにいっていた。20年夏のプロ志望高校生合同練習会では普通のステップになっていたが、それでも前足を出すタイミングが普通の選手より遅く、長打より安定してヒットを打つイチロー型の選手をめざしていることがわかる。

脚力は明徳義塾高戦が第3打席の一塁ゴロで一塁到達は4・25秒。天理戦が第3打席の一塁ゴロで4・22秒、第5打席の二塁エラーのときの二塁到達が7・88秒。二進するときの迷いのなさはまさにイチロー的で、ポスト坂本勇人《はやと》に名乗りを挙げてもおかしくない。

4位伊藤優輔《ゆうすけ》（三菱パワー・投手）は20年都市対抗で注目された。この大会を中継したテレビ局（ＪＳＰＯＲＴＳ）はピッチャーの球速だけでなく回転数も表示できるトラックマンを導入したのだが、伊藤のストレートの1分間の回転数は最多で２５０５もあった（このときの球速は１５４キロ、大会中の最速は１５６キロ）。カットボールは球速１４０キロ台で回転数も２８００と多く、これらの数値はプロに入っても上位である。

不満はファールを打たれるところ。この大会の2回戦、Ｈｏｎｄａ戦は7回からリリーフに立ち、9回までの3イニングを被安打2、与四球2、奪三振2、失点0に抑えながら投球数は59と多かった。延長10回裏はタイブレークになり、1死満塁の場面で先頭打者にサヨナラ打を打たれたのだが、このときのストレートは１４３キロまで落ちていた。

巨人での役割が先発かリリーフかわからないが、先発でやるなら球数を抑えるためにもファールを打たれない配慮はするべきだ。放送中にも指摘されていたが、高めにボール球のストレートを投げれば打者は空振りをするし、フォークボールもワンバウンドのボール球ならバットに当てられない。それができれば巨人投手陣の一軍枠に入り込む力はある。

5位秋広優人《あきひろゆうと》（二松学舎大付高・一塁手）は投手兼任の大型選手だ。マウンド上では長身2メートルの下半身がフラフラに見えたが、打席に立つと下半身に揺らぎがなく、高校通算23本塁打の看板が大げさに聞こえなかった。二刀流の部分だけみて大谷二世と騒ぐより、巨人で〝満塁男〟の異名を取った駒田徳広《のりひろ》二世と言ったほうがピンとくる。

6位山本一輝《いっき》（中京大・投手）は左腕のリリーフタイプと言っていい。スリークォーターの松永昂大《たかひろ》（ロッテ）と投げ方は異なるが、スピードガン表示より速く見えるストレートやスライダー、カーブのキレなど似ているところが多い。

中京大2年の春季リーグでは優勝がかかった名城大戦で栗林良吏《くりばやしりょうじ》（トヨタ自動車→広島1位）と投手戦を演じ、6回1失点に抑えて大学選手権出場を決めている。

7位萩原哲《はぎわらてつ》（創価大・捕手）は日南学園3年時、春・夏の甲子園大会に出場して強肩が騒がれた。春はイニング間の二塁送球で1・95秒を計測、夏は1回戦の八王子高戦でイニング間1・90秒、実戦の二盗阻止で1・97秒を計測。2回戦の市和歌山高戦では5打数4安打を記録して、バッティングの非凡さもアピールしている。

創価大では19年の大学選手権2回戦、東北福祉大戦で6回に二盗を企図する走者をアウトにしたときのタイムが2・03秒と一級品で、第1打席で内野安打を放ったときの一塁到達が4・32秒だった。走攻守とも見どころを多く持った選手である。

阪神タイガース

佐藤輝明

「ドラ1野手」の躍進で見えてくる新しいチーム像

年	シーズン順位	交流戦順位	観客動員数
2016	4位	10位	291万562人（2位）
2017	2位	4位	303万4626人（1位）
2018	6位	11位	289万8976人（2位）
2019	3位	10位	309万1335人（1位）
2020	2位	—	51万7944人（3位）

＊（　）は12球団中の順位

選手の年齢構成（阪神）

年齢	投手	捕手	一塁手	二塁手	三塁手	遊撃手	外野手
19						高寺望夢	
20	西純矢 及川雅貴	藤田健斗				遠藤成	井上広大
21	川原陸					小幡竜平	
22	牧丈一郎 湯浅京己						佐藤輝明
23	浜地真澄 佐藤蓮 村上頌樹	榮枝裕貴					
24	小川一平 望月惇志 石井大智						
25	伊藤将司					植田海 中野拓夢	島田海吏
26	馬場皐輔 尾仲祐哉 髙橋遥人 齋藤友貴哉 石井将希					熊谷敬宥	
27	藤浪晋太郎 小野泰己	長坂拳弥 片山雄哉			大山悠輔	北條史也 木浪聖也	板山祐太郎 近本光司
28	守屋功輝 青柳晃洋	坂本誠志郎		山本泰寛			髙山俊 江越大賀 中谷将大
29	谷川昌希 アルカンタラ 小林慶祐	原口文仁		糸原健斗			
30	岩貞祐太 秋山拓巳 岩崎優 ガンケル スアレス 加治屋蓮	梅野隆太郎	陽川尚将 マルテ				
31	西勇輝						ロハス
32	伊藤和雄						
33	エドワーズ		荒木郁也				
34							俊介 サンズ
35～	チェン 桑原謙太朗 岩田稔 中田賢一						糸井嘉男

[註]ポジションは20年の一、二軍の守備成績を参考

過去３年のドラフト戦略が変わってきた

巨人なら09年と12年に日本一、15年から４年連続Ａクラス、過去２年はリーグ優勝、中日なら落合博満監督時代に強豪だったのが13年以降は７年連続Ｂクラスに沈み、昨年は８年ぶりにＡクラスに復活、ＤｅＮＡなら万年Ｂクラスだったのがラミレス監督になった16年以降はＡクラスが３回あり、広島なら16年から３年連続リーグ優勝、それ以降はＢクラスに低迷、ヤクルトなら真中満《みつる》監督時代の15年にリーグ優勝したあとは、５年間でＡクラスが１回、Ｂクラスが４回。しかし、阪神は星野仙一監督で03年、岡田彰布《あきのぶ》監督で05年にリーグ優勝して以来、どんな成績で推移しているのかわからない。

09〜11年が真弓明信《あきのぶ》監督、12〜15年が和田豊監督、16〜18年が金本知憲《ともあき》監督、そして19年から現在までが矢野燿大《あきひろ》監督だ。３〜４年で監督が代わっているのがわかる。そして09年以降の順位は４位→２位→４位→５位→２位→２位（日本シリーズ出場）→３位→４位→２位→６位→３位→２位、である。これでは善かれ悪しかれ強い印象は与えられない。

同じように他球団の監督を見ると、巨人は原→高橋→原、中日は落合→高木→谷繁→森→与田、ＤｅＮＡは大矢→尾花→中畑→ラミレス→三浦、広島はブラウン→野村→緒方→

佐々岡、ヤクルトは高田↓小川↓真中↓小川↓高津となる。

パ・リーグは、ソフトバンクが秋山↓工藤、ロッテがバレンタイン↓西村↓伊東↓井口、西武が渡辺↓伊原↓田邊《たなべ》、辻、楽天が野村↓ブラウン↓星野↓大久保↓梨田↓平石↓三木↓石井、日本ハムが梨田↓栗山だ。

この人数を見ただけで各球団が構想を持っているか否かがわかる。阪神は、昨年は2位と言っても首位巨人とのゲーム差は7・5と大きく開いていた。そもそも、3、4年ごとに監督が交代していては「将来こういうチームにしよう、これからはこういうドラフト戦略でいこう」というチーム構想が持てない。実際に15年まではそういうチームだった。

ドラフトで変化の兆しが見えたのは過去3年だ。17年＝×清宮幸太郎↓×安田尚憲《ひさのり》↓馬場皐輔《こうすけ》、18年＝×藤原恭大《きょうた》↓×辰己涼介↓近本光司《こうじ》、19年＝×奥川恭伸《おくがわやすのぶ》↓西純矢《じゅんや》と外れクジの連続だが、近本を外れ外れ1位、西純を外れ1位で指名し、結果を残しつつある。

クジで外れたら即戦力タイプの大学生か社会人の投手を獲れば、球団の人間も、マスコミの人間も、ファンも文句は言わないだろう――が過去の姿。それが17年は清宮、安田という超高校級の野手に向かい（外れて馬場を獲る）。18年は藤原、辰己を外して同じ外野手の近本を獲り、19年は超高校級右腕の奥川を外し、同じ超高校級右腕の西を指名している。

これらの指名には秩序が感じられる。

ドラフト戦略の変化はこの2年間の3位→2位というチーム成績にも表れている。昨年は4球団が1位で重複した佐藤輝明《てるあき》の抽選で当たりクジを引いた。3球団以上の指名が重複した選手としては12年の藤浪晋太郎以来の当たりクジである（ともに4球団の重複）。

阪神のドラフト戦略の変化は、野手の1位指名が増えたことでもわかる。15年が高山俊《しゅん》、16年が大山悠輔《ゆうすけ》、18年が近本、そして20年が佐藤である。過去6年で4人。これは12球団で一番多い。オリックスとともに保守派の筆頭だった球団が、ともに将来を見据えて球団を変えようとしているのは野球界にとっていいことだと思う。

新外国人の評価は難しい。18年は韓国プロ野球（KBO）で2年連続100打点以上挙げたロサリオ、20年もKBOで打点王のサンズを獲得したが、ロサリオは1年で退団し、サンズは1年目に好結果を残していない。そして今季の新外国人は、野手が昨年のKBOで本塁打、打点の二冠王を獲得しているロハス、投手が同じく昨年のKBOで最多勝（20勝2敗）に輝いているアルカンタラだ。

失敗が続いているKBO出身の選手を獲るというのは、普通に考えれば「パイプがあるから」だが、KBO出身は成功率が高い、というのも歴史的事実なのだ。野手はタイロン・ウッズ、ホセ・フェルナンデス、投手はグライシンガー、バンデンハーク。今年の2人は成功例に名前をつらねてほしい、そんな願いが込められているような気がする。

スタメン分析

大山悠輔の成長が佐藤輝明を1位で指名しやすくした

毎年、スタメン候補を組むと、「この球団はドラフト1位が多いな、少ないな」と思う。私の独断で選んだ候補だが、ここから1位選手（自由枠、希望枠、移籍選手を含む）を探すと、パ・リーグが、日本ハム4、ロッテ3、オリックス3、楽天2、日本ハム2、ソフトバンク1、セ・リーグが、中日4、巨人3、阪神3、ヤクルト3、広島1、DeNA0になる。

昨年の阪神のチーム成績は、打率・246（5位）、本塁打110（4位）、得点494（4位）、盗塁80（1位）、犠打86（1位）である。ドラフト1位で野手を指名するが、野球の形はスモールベースボールをめざしているように見える。矢野監督がディフェンス型の野球をやりたがる捕手出身で、フロントがドラフトで獲得をめざしているのは近本を除いて強打者というアンバランス。今はとにかく上位指名で野手を指名することに専念しようという段階だろうか。スタメン候補にはドラフト2位の小幡《おばた》竜平も入れ、控えには1位の高山も入れた。

スカウト陣に自信を与えたのは16年に単独1位指名した大山のブレイクだ。1年目以来、本塁打は7→11→14、打点は38→48→76と漸増しているが、大学卒だけに選手寿命が高校卒ほどない。このまま中途半端な選手で終わってしまうのかな、と昨年のシーズン前までは思っていた。それが打率・288、安打122、本塁打28、打点85を挙げ、本塁打、打点のタイトルは最後まで岡本和真（巨人）と争った。大山が成長したことにより佐藤を指名しやすくなったのは確かだろう。

佐藤の守備位置が三塁か外野かは、球団によって変わったと思う。ソフトバンク、オリックスなら三塁、巨人なら外野だっただろう。佐藤の入団によって阪神の外野は、左翼・佐藤、中堅・近本、右翼・ロハスの布陣になる。ロハスはKBO時代の19、20年にライトを守り、ゴールデン・グラブ賞に輝いているので当然だろう。

スタメン候補

	[スタメン]	[控え]
捕	梅野隆太郎	坂本誠志郎
		原口　文仁
一	サンズ	陽川　尚将
二	＊糸原　健斗	＋植田　海
		山本　泰寛
三	大山　悠輔	＊中野　拓夢
遊	＊小幡　竜平	＊木浪　聖也
左	＊佐藤　輝明	井上　広大
中	＊近本　光司	＊髙山　俊
右	＋ロハス	中谷　将大

＊は左打ち、＋は両打ち

このスタメン候補の中で冒険したのが遊撃の小幡竜平。昨年の一軍の成績は打率・220、安打28で、ファームでは打率・288、安打は30。突出した成績ではないが守備がいい。捕れるか捕れないかぎりぎりの打球を捕る球際の強さ、そして次のプレーに移る反応の速さには目をみはる。

さらに小幡を選んだのは「高校卒」の部分。今季のスタメン候補の中ではただ1人の高校卒である。他球団を見れば巨人は移籍選手も含めて4人、中日はドラフト1位の高橋周平、根尾昂《あきら》、石川昂弥《たかや》を含めて4人、広島は主軸の鈴木誠也を含めて4人、ヤクルトは最高出塁のタイトルを獲った村上宗隆、トリプルスリー3回の山田哲人をはじめ3人と、DeNA以外はスタメンの4〜5割が高校卒で占められている。このトレンドに阪神も乗っかってほしかった。

捕手は梅野隆太郎が安定期に入った。打撃面は18年以降100安打超えが続き、打率も守り優先の捕手としては及第点の・250〜260を記録している。打順は6、7番が多いが9月11〜17日に2番をまかされ、広島との3連戦では6打数3安打と気を吐いた。右腹斜筋の筋挫傷で18日に登録を抹消されなければさらに続いていたかもしれない。

ディフェンス面では盗塁阻止率が過去3年間、2位→2位→4位と悪くない。捕逸1は他球団の大城卓三（巨人）2、木下拓哉（中日）4、會澤翼（広島）2とくらべても上位で、18年以降、ゴールデン・グラブ賞を手にしているのも納得できる。

この布陣に数年後に加わる可能性があるのが昨年ファームで規定打席に到達した井上広大《こう》《た》だ。打率・226は低いが、1位リチャード（ソフトバンク）に次ぐ本塁打9本は林晃汰《こう》《た》（広島）に並ぶウエスタンリーグ2位。高校卒1年目だけに注目に値する。今年以降のドラフトでは高校生野手の1位指名にも挑戦してほしい。

ピッチングスタッフ分析

過去5年はチーム防御率が常に1～2位

阪神という球団は毎年、投手成績がいい。シーズンごとの防御率は16年＝3・38（2位）、17年＝3・29（1位）、18年＝4・03（2位）、19年・3・46（1位）、20年＝3・35（2位）と、2位以下に落ちたことがない。今年もこの傾向に変わりがなく、先発、リリーフ陣とも前評判の高い巨人、中日をしのいでナンバーワンだろう。

エースの西勇輝は19年にFA権を行使して移籍した選手だが、チームにすっかりなじんでいる。18年までのパ・リーグでの通算成績は74勝65敗、防御率3・30だが、阪神入団後の過去2年は、21勝13敗、防御率2・62。昨年は前年の2・92から2・26に上がり、投手成績は4位。弱いオリックスの主戦として強いパ・リーグの上位球団に投げ続けてきた自信に溢れているように見える。

技巧派投手なので外角で勝負するように思われているかもしれないが、通算与死球83は現役では涌井秀章（楽天）104、中田賢一（阪神）89、石川雅規（ヤクルト）84に次ぐ第4位。昨年の阪神のチーム与死球29個はリーグ4位で、トップの巨人59に倍以上離されている。この心優しいお嬢さま体質に活を入れる意味でも、今年は青柳晃洋《あおやぎこうよう》（19年にチーム

ピッチングスタッフ			
[先発]	[中継ぎ]	[抑え]	[その他]
西　勇輝	＊岩崎　優	スアレス	西　純矢
アルカンタラ	藤浪晋太郎		小川　一平
秋山　拓巳	＊岩貞　祐太		浜地　真澄
青柳　晃洋	馬場　皐輔		＊伊藤　将司
＊チェン	加治屋　蓮		望月　惇志
＊髙橋　遥人	小野　泰己		

＊は左投げ

トップの12与死球）とともに内角攻めを徹底してもらいたい。

新外国人のアルカンタラは昨年、KBOで20勝2敗、防御率2・54を挙げた投手だ。ストレートの平均スピードは153キロ、変化球はスライダー、フォーク、チェンジアップ、ツーシーム、カーブを操ると資料に紹介されている。動画で見ると、跳ねず、開かず、テークバック時のヒジの位置が高い……等々、投球フォームのよさが光る。外国人は日本に来るまで真価がわからない、とは言われるが、アルカンタラに関しては大きな外れがなさそうだ。

左腕のチェンも新加入した。05〜11年までの中日時代の通算成績は36勝30敗、防御率2・59、メジャーリーグでは59勝51敗、防御率4・18という成績を残している。今季36歳の年齢と、全盛期にくらべストレートの威力がなくなったことが不安材料。昨年は終盤にロッテに入団、0勝3敗という成績だったが、防御率は2・42とよかった。

登板した4試合は強力打線の楽天、西武、ソフトバンク（2

試合）が相手で、10月28日のソフトバンク戦は0対2で敗れているがチェンは8回を投げ抜き、与四球1、被安打4と完璧に近い内容だった。メジャーリーグで活躍した投手らしくチェンジアップ、シンカー、カーブ、スライダーを織り込んだ技巧派の味わいのあるピッチングで、セ・リーグのほうが力を発揮できるような気がする。

リリーフか先発か、話題を集めている藤浪晋太郎は先発陣に食い込むことが難しい状況だ。過去2年は通算1勝6敗の投手なのだから、ここは与えられた場所で結果を残すしかない。本格的に復活すれば大きな戦力になる。ストレートの最速は昨年10月19日のヤクルト戦で計測した162キロ。昨年の中盤まではこのストレートをぶつけるのを怖がって腕を振れなかったが、怖いのは打者のほう、とファンはツッコミを入れたかっただろう。私は短いイニングで腕を振れるリリーフのほうがいいと思う。そもそも、1週間に1回しか投げない先発より、1週間に4回くらい見られるリリーフのほうがファンは楽しめる。

抑えは、投手陣でただ1人のタイトルホルダー（最多セーブ）、スアレスが残留した。リリーフ陣に速球派の藤浪、馬場皐輔、小野泰己《たいき》、ソフトバンクから移籍した加治屋《かじや》蓮《れん》、左腕の岩崎優《いわざきすぐる》、岩貞《いわさだ》祐太が並ぶバラエティーに富んだ顔ぶれで、「その他」にも若手の小川一平《いっぺい》、西純矢、望月惇志《もちづきあつし》、浜地《はまち》真澄《ますみ》が控えている。来年以降も楽しめる陣容で、15年遠ざかっている優勝にそろそろ手が届いてほしい。

ドラフト分析

4球団が入札した左の強打者、佐藤輝明が注目度ナンバーワン

入札した選手の当たりクジを引いたのは15年の高山俊以来だが、3球団以上が入札した選手では12年に4球団が入札した藤浪晋太郎以来である。**1位**指名の**佐藤輝明**（近畿大・外野手）は全国的には無名ながら高校通算20本塁打を放ち、近大では1年だった17年春から中軸をまかされ、全国大学野球選手権にも5番・指名打者として出場している。

全国大会で素質の片鱗を見せたのは18年秋の明治神宮大会だ。このときは4番・三塁手として3試合に出場、筑波大戦では好投手、村木文哉《ふみや》が投じた144キロのストレートを捕手寄りで捉えてレフトスタンドにソロホームランを放ち、準々決勝の東日本国際大戦では4打数1安打、準決勝の環太平洋大戦では4打数1安打を記録している。

バッティングスタイルは左脇を空けて立つ姿に特徴がある。メジャーリーグを席捲するフライボール革命の影響を受けているからとも伝えられるが、耳の辺りで構えたグリップの位置は下がってないのでアッパースイングではない。さらに際立つのは前足の始動とステップの動き。大きい動きを制限することで確実性を増そうという狙いがあり、それでいて二岡智宏（元巨人など）のリーグ通算13本を上回る14本塁打を打っている。ドラフトが

終わってからの第一声は「ホームラン40本、50本を当たり前に打てるような選手になれれば」。確実性とホームランが矛盾しない柳田悠岐《やなぎたゆうき》（ソフトバンク）こそ、佐藤のめざす理想のスタイルと言っていい。

2位伊藤将司《まさし》（JR東日本・投手）は横浜高時代、甲子園大会に2回出場し、大きく割れるカーブ、スーッと沈むチェンジアップ、さらに横変化するスライダーのキレに注目した。国際武道大では3、4年時の大学野球選手権でチームを準優勝に導き、JR東日本に入社するとストレートの球速が140キロ台中盤まで伸び、変化球との緩急に冴えを増した。

1年目から都市対抗に登板、2年目の都市対抗・東京都第一代表決定戦では決勝のNTT東日本戦に先発して9回1死までノーヒットノーランの快投を演じ、チームを勝利に導いている。主な持ち球はストレート、カーブ、スライダー、チェンジアップ。平凡だったストレートは20年の東京ガス戦で146キロに達し、これを右打者の外角低めに投げるコントロールも備わり、持ち味の変化球が一層キレを増して見えた。

3位佐藤蓮《れん》（上武大・投手）は静岡県飛龍高時代をほぼ無名で通し、上武大でも1年冬に右ヒジの手術をした影響もありリーグ戦の登板は3年秋までなかった。ドラフト候補に挙げられるのは20年8月30日に行われたロッテ二軍との練習試合以降。この試合でストレートが155キロを計測し、一躍スカウトの注目を集めるようになった。リーグ戦の通算成績は7試合（15回）投げて、17奪三振、防御率1・80と安定しているが勝ち星はない。

投球フォームは意外にまとまっている。テークバックに向かいながら内回旋で腕を振っていくのでヒジが無理なく高く上り、前肩の早い開きもない。落差のあるカーブはストレートとスピード差が大きく、腕の振りもストレートと変わらない。と、ここまでは高評価だが、20年秋の横浜市長杯を見てから評価を下げた。

同大会準決勝の創価大戦に4回途中の1死二塁の場面から2番手としてリリーフするのだが、いきなり4者連続四球を与え、5回は2つの四球と1つの死球を与えて降板してしまった。11人の打者と対戦し、ヒットこそ打たれていないが与四死球は何と7個。プロではフォーム固めからスタートして2年目以降の一軍定着をめざすべきだろう。

4位榮《さかえだ》 枝裕貴《ゆうき》（立命館大・捕手）は3年だった19年、5番・指名打者として大学選手権に出場して山﨑伊織《やまさきいおり》（巨人2位）から3打数1安打を記録している。4年になってからキャッチャーとして本格化するはずだったが、新型コロナウイルスの影響で秋の1シーズンしかプレーできなかったことは野球ファンとしても残念だった。
3年までの実績はないが、愛媛県松山市の坊っちゃんスタジアムで19年11月30日から12月2日まで行われた日本代表選考合宿には選出されている。肩の強さが首脳陣にしっかり伝わっていたからだ。ピッチャーの投げた球を捕球してから二塁カバーに入った野手のグローブに収まるまでの二塁送球タイムは1・8秒台。速さだけでない。捕球したあとの送球動作に入るまでの速さと、投げた球が二塁ベース右下に収まるコントロールの正確さが他の選手とは異質である。最後のシーズンになった20年秋のリーグ戦では10試合にマスクをかぶり、相手校が盗塁企図を試みたのはわずか2回。強肩が鳴り響いて、相手校にとっては攻撃時の戦略が1つ削られていたということだろう。

5位村上頌樹《しょうき》（東洋大・投手）は智弁学園高3年時の16年春にセンバツ大会に出場し、5試合を1人で投げ抜いて優勝投手になっている。東都大学リーグの東洋大学に進学しても1年春にいきなり主戦格として5試合に登板し、2勝0敗でリーグの新人賞に輝いている。このシーズン、2学年上の上茶谷大河《かみちゃたにたいが》（DeNA）は2試合、甲斐野央《ひろし》（ソフトバンク）は1試合、梅津晃大《うめつこうだい》（中日）は登板なしの状態で、いずれも勝ち星なしというのがすごい。

19年春には4完封を含む6勝を挙げ、MVP、最優秀賞投手、ベストナインに輝き、大学野球選手権では優勝した明治大と準々決勝で対戦し、森下暢仁《まさと》（広島）と息詰まる投手戦を展開。キレのある140キロ台中盤のストレートにスライダー、スローカーブを交えた緩急で強力打線を6回まで3失点に抑え、東都ナンバーワン右腕の片鱗をのぞかせた。ストレートは最速149キロと紹介されるが、スライダー、カットボール、スローカーブ、チェンジアップなどを織り交ぜて四隅を丁寧に突く技巧的なピッチングに持ち味がある。

6位中野拓夢《たくむ》（三菱自動車岡崎・遊撃手）、**7位高寺望夢《たかてらのぞむ》**（上田西高・遊撃手）、**8位石井大智《だいち》**（四国アイランドリーグ高知・投手）を詳しく紹介するスペースがないのが残念だ。中野は19年11～12月に台湾で行われたアジアウインターリーグに出場して注目を集めた。参加チームはNPBのイースタンリーグ選抜、ウエスタンリーグ選抜、さらに台湾、韓国プロ野球の若手で構成されたチームと社会人の選抜チームの5つ。若手プロが多いこのリーグ戦で打率・371で堂々と打撃成績2位に名をつらね、業師のイメージを一変させた。

高寺は高校球児の救済措置として開催された「プロ志望高校生合同練習会」で走攻守の三部門がスカウトの注目を集めた赤丸急上昇の内野手だ。1人の打者に割り当てられた打席は6つ。つまり6人のプロ志望届を提出したピッチャーとボールカウント1－1の状態から実戦形式の勝負が行われ、ここで木製バットを使用して6打数5安打（2四球）という成績を残したのだ。

石井は20年のリーグ戦で101回投げて与四球11、与死球2という数字が目を引く。9イニングに換算すると与四死球率は1・16。また奪三振率は11・50である。コントロールが安定し、三振を多く取れるというのはピッチャーにとって最大の武器と言っていい。2年目に奪三振王に輝き、今季の奪三振は戸田懐生《なつき》（徳島インディゴソックス→巨人育成7位）の139に次いで2位だった。

中日ドラゴンズ

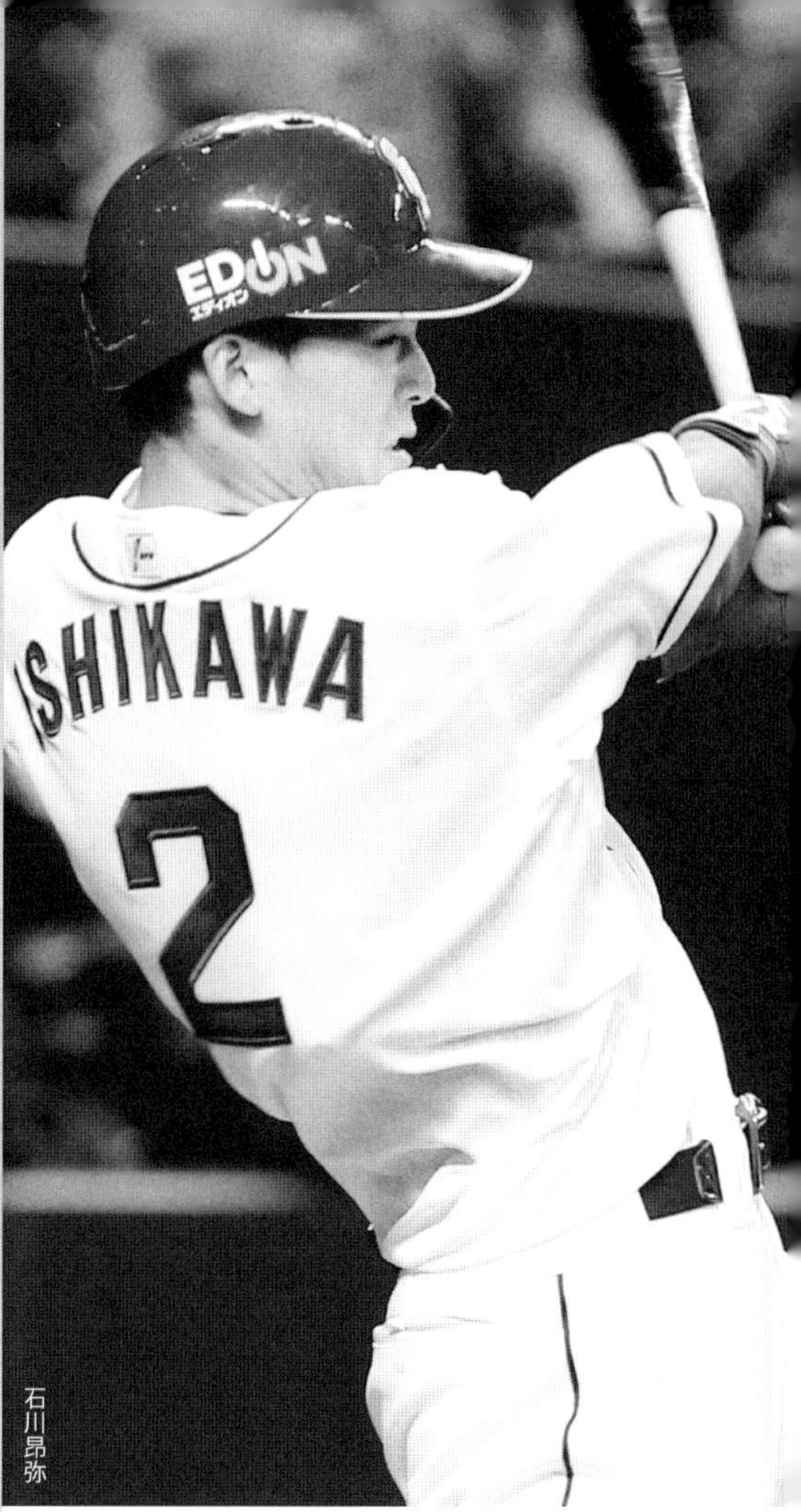

石川昂弥

発展途上のチームが秘める「爆発力」に期待

年	シーズン順位	交流戦順位	観客動員数
2016	6位	8位	205万8381人(6位)
2017	5位	8位	201万772人(6位)
2018	5位	9位	214万6406人(5位)
2019	5位	8位	228万5333人(4位)
2020	3位	—	37万8006人(7位)

＊(　)は12球団中の順位

選手の年齢構成（中日）

年齢	投手	捕手	一塁手	二塁手	三塁手	遊撃手	外野手
19	高橋宏斗 福島章大 加藤翼					土田龍空	岡林勇希
20					石川昂弥		
21	山本拓実	石橋康太					根尾昂 伊藤康祐
22	石川翔 清水達也			髙松渡			
23	藤嶋健人 橋本侑樹 森博人				石垣雅海		
24	小笠原慎之介 鈴木博志 勝野昌慶 ロドリゲス	郡司裕也					三好大倫
25	R・マルティネス 梅津晃大	A・マルティネス					滝野要
26	丸山泰資 笠原祥太郎 マルク						
27	柳裕也 岡野祐一郎 ロサリオ			溝脇隼人	高橋周平	京田陽太	武田健吾
28	佐藤優 木下雄介						渡辺勝
29	福敬登 三ツ間卓也	加藤匠馬	石岡諒太	三ツ俣大樹			ガーバー
30	岡田俊哉 福谷浩司	木下拓哉 桂依央利					
31	又吉克樹 松葉貴大						
32	田島慎二		ビシエド	阿部寿樹			遠藤一星 井領雅貴
33	大野雄大			堂上直倫			平田良介 福田永将
34	祖父江大輔	大野奨太					
35〜	谷元圭介 山井大介						大島洋平 藤井淳志 福留孝介

［註］ポジションは20年の一、二軍の守備成績を参考

8年ぶりのAクラス復帰から10年ぶりのリーグ優勝へ

私が本書で中日を批判したのは14年版から。Bクラスに落ちた13年の成績を受けての批判だった。14年版から年ごとの最初の項の見出しは「40歳以上の中心選手が5人揃う年寄天国」「落合博満GMのベテラン偏重は初年度に刷り込まれた」、1年置いて「高校生を上位で獲っても抜擢しない首脳陣」「落合監督、GM時代の社会人獲得はオリックスに次いで2位」……等々、容赦ない。それが19年版は「若手ゾーンに有望株が徐々に集まり始めた」と好意的で、昨年版は「1点差負けが27試合、2点差負けが14試合」と応援団のエールのようになり、昨年は8年ぶりのAクラスに返り咲いている。

ファームのレギュラーを見ると、その変化が実感できる。捕手＝石橋康太《こうた》（高校卒2年目）、一塁手＝石岡諒太《りょうた》（社会人出身5年目）、二塁手＝高松渡《わたる》（高校卒3年目）、三塁手＝石川昂弥《たかや》（高校卒1年目）、遊撃手＝根尾昂《あきら》（高校卒2年目）、外野手＝伊藤康祐《こうすけ》（高校卒3年目）、岡林勇希《ゆうき》（高校卒1年目）、渡辺勝《まさる》（大学卒5年目）という面々。8人のうち高校卒が6人というのは以前の中日を知る者としては驚き以外の何ものでもない

第1期・星野仙一監督時代の88年には1番彦野利勝、2番立浪和義、5番宇野勝《まさる》、7番

川又米利《かわまたよねとし》、8番中村武志《たけし》と高校卒5人がスタメンに並び、リーグ優勝を飾っている。第2期・星野監督時代の99年も優勝し、このときは5番立浪、6番山﨑武司、7番井上一樹《かずき》、8番中村という4人の高校卒がスタメンにいた。

高校卒4、5人と書くと寡占状態と思われそうだが、高校卒以外の3、4人は大学卒、社会人出身である。そのくらいのバランスのほうがチームは強いので、私はいつも「高校生、高校卒」と極論めいたことを声高に言っているが要はバランスである。

今年のチームはどうだろう。伊東勤ヘッドコーチは西武、ロッテ監督時代、若い選手を積極的に起用し、チームを上位に押し上げてきた実績がある。伊東氏をはじめ一軍には、栗原健太（打撃コーチ）、村上隆行（巡回打撃コーチ）、赤堀元之（投手コーチ）、中村武志（バッテリーコーチ）、荒木雅博（内野守備走塁コーチ）という高校卒のコーチが揃っている。この人選にも高校卒に育ってほしいという配慮が感じられる。

投手出身監督も重要なテーマになりそうだ。今季、与田監督をはじめ佐々岡真司（広島）、三浦大輔（DeNA）、高津臣吾（ヤクルト）、工藤公康（ソフトバンク）、石井一久（楽天）という元投手が監督に就任した。球界には「投手は監督に向いていない」とよく言われるが、本当だろうか。投手出身の監督を見ていると、前年の成績が悪いことに気づかされる。

中日で2期務めた星野監督は第1、2期とも前年5位のチーム、与田監督も同様に5位のチームを引き継いでいる。巨人で2期務めた藤田元司《もとし》監督の第1期は長嶋茂雄監督が6年間で一度も日本一になれずに退陣したあと、第2期は王貞治監督が5年間で一度も日本一になれずに退陣したあと、阪神の星野監督は4年連続6位のチーム、DeNAの牛島和彦監督は3年連続6位のチームを引き継ぎ、広島の佐々岡監督は3年連続リーグ優勝したあと4位に沈んだチーム、高津監督は6位に沈んだチーム、三浦監督も2位から4位に沈んだチームを引き継いでいる。こういう監督就任のタイミングが、野村克也氏が発信した「投手は監督に向いていない」という都市伝説めいた文言を広めているのだろう。

与田監督には評論家時代の09年、『プロ野球スカウティングレポート』（アスペクトムック）という本の中で対談させていただいた。その中で野村克也氏のことを聞くと、「大好きな監督さんだし、勉強させてもらいましたが」と断ったあと、「ヤクルトが強かったのはいい選手が揃っていたから」とはっきり言った。さらに160キロを超える剛腕を作れるかと聞くと、「かなりの部分まではトレーニングで突き詰めていけると思っています」と明言した。言いづらいことをオブラートに包んで言うのではなくはっきり言う、こういう野球人は非常に珍しいと思う。

監督就任後の成績は5位→3位と上がっている。今年のチームは発展途上だが爆発力を秘めているので、優勝争いに加わってもおかしくない。

スタメン分析

近未来の恐竜打線はドラフト1位組がキーマンに

今年のスタメン予想は現在というより近未来を展望した。三塁にはレギュラーの高橋周平以外にも19年1位の石川がいて、今季年齢は高橋が27歳、石川が20歳なので数年先にはどちらかをコンバートしなければならない。さて三塁にとどまるのはどっち?

2年連続で三塁のゴールデン・グラブ賞を獲得している高橋は外せない、という意見がありそうだが、ここではあえて石川を残した。三塁手に求めたいのは強打だ。高橋の過去3年の本塁打数は11→7→7と推移しているので強打者というより好打者という評価が順当。対する石川はバッティングが評価されている選手である。ここで昨年の石川とすでに球界を代表する選手になっている岡本和真（巨人）、村上宗隆（ヤクルト）のファーム1年目の成績を比較してみた。

	打席	打率	安打	本塁打	打点
石川	238	.278	57	3	24
岡本	257	.258	62	1	16
村上	427	.288	105	17	70

村上の数字は破格だが、岡本には勝っている部分がある。チームメイトの根尾は1年目、ファームで打率・210に低迷し、ロッテの藤原恭大《きょうた》も・227だった。彼らの1年目の成績と石川をくらべれば石川の非凡さが伝わってくる。

高橋はコンバートすれば大型の二塁手に育つ可能性がある。辻発彦・西武監督は社会人まで三塁を守り、プロで名二塁手に成長した。岡田彰布《あきのぶ》・元阪神監督は早稲田大で名三塁手と騒がれたが、プロでは先輩の掛布雅之にその座を譲り、二塁手として名を残した。石川の進む道が単線なのに対して、高橋には複数の道が枝分かれしているというのが私の考えだ。

スタメン候補

	[スタメン]	[控え]
捕	木下　拓哉	郡司　裕也
		A.マルティネス
一	ビシエド	福田　永将
二	＊高橋　周平	阿部　寿樹
三	石川　昂弥	堂上　直倫
遊	＊京田　陽太	＊溝脇　隼人
左	平田　良介	＊岡林　勇希
中	＊大島　洋平	武田　健吾
右	＊根尾　昂	＊ガーバー
		＊福留　孝介

＊は左打ち

遊撃の京田陽太は昨年のゴールデン・グラブ賞で坂本勇人《はやと》（巨人）に次ぐ得票数を集めた。京田（打率・247）より打撃成績のいい大和《やまと》（DeNA）、エスコバー（ヤクルト→退団）、木浪聖也《せいや》（阪神）、田中広輔（広島）の得票数が伸びなかったのは守備力の差だ。

ここにも18年のドラフト1位、根尾というライバルがいるが、残したのは京田のほうだ。根尾が昨年ファームの遊撃手として残した守備率は・957。

これではさすがに強く推せない。大阪桐蔭高時代、遠投が115メートルと紹介されているので、強肩を生かすには長い距離を投げる外野のほうが向いているかもしれない。

捕手もいい選手が揃っている。ゴールデン・グラブ賞は梅野隆太郎（阪神）が136票で受賞したが、2位に入ったのが117票を集めた木下《きのした》拓哉。15年のドラフト3位で入った選手で、法政大、トヨタ自動車時代から肩の強さに定評があった。15年の都市対抗では、イニング間の二塁送球が強肩と評価される1・8〜1・9秒台で、私がストップウォッチで計測した最速は1・87秒だった。

しかし、今のプロ野球の捕手で肩の弱い選手はほとんどいない。強肩揃いの中で何をアピールして飛び出したらいいのか。木下の場合は、メジャーリーグで注目されている「ピッチフレーミング」という捕球技術だった。

『ビッグデータベースボール』（トラヴィス・ソーチック著、角川書店）という本には、「ボールかストライクかきわどいコースの投球の判定に影響を与える捕手の技術」と書かれ、その技術を体得しているラッセル・マーティン捕手がヤンキースをFAで退団したあと、2年契約を提示したパイレーツに入団する経緯を興味深く描いている。木下を生き返らせたのがこのピッチフレーミングである。

ピッチングスタッフ分析

捕手・木下拓哉のピッチフレーミング

木下のピッチフレーミングの話を続けよう。近年の国際大会で日本の捕手が捕球してからミットを動かす行為が批判の対象になっている。ピッチフレーミングはそういう技術ではない。捕球する前にミットをストライクゾーンのほうに動かして捕球するのである。前述のマーティンは07〜11年までの5年間、ピッチフレーミングによって70点の失点を防いだと分析されている。ここで昨年のセ・リーグの与四球数を見てみよう。

1位中日＝340、2位阪神＝371、3位巨人＝390、4位DeNA＝392、5位ヤクルト＝404、6位広島＝429

1位中日と6位広島の与四球の差は89もあった。打者の出塁率が評価される時代だから、捕手の「ストライクにする技術」はもっと評価されていい。木下の捕手としての守備率は・997でリーグ2位、盗塁阻止率・455は、2位戸柱《とばしら》恭孝《やすたか》（DeNA）の・352に大きく差をつける1位だ。こういう数字を見ると、ゴールデン・グラブ賞は木下でよかったのではないかと思ってしまう。ちなみに、「2020プロ野球最優秀バッテリー賞powered by DAZN」には大野雄大と木下が選ばれている。

ピッチングスタッフ

[先発]	[中継ぎ]	[抑え]	[その他]
＊大野　雄大	祖父江大輔	R.マルティネス	＊橋本　侑樹
柳　裕也	＊岡田　俊哉		谷元　圭介
福谷　浩司	＊福　敬登		＊松葉　貴大
梅津　晃大	＊ロサリオ		又吉　克樹
勝野　昌慶	藤嶋　健人		岡野祐一郎
＊小笠原慎之介	森　博人		

＊は左投げ

昨年の中日の与四球率も紹介しよう。祖父江《そぶえ》大輔1・25、福谷浩司《ふくたにこうじ》1・27、大野1・39、松葉貴大《たかひろ》2・09、勝野昌慶《あきよし》2・13。

これは驚異的と言っていいのではないか。チーム全体でも2・90である。

左腕、大野は18年に0勝3敗という絶不調に陥り、過去の人になりかけていた。それが19年に9勝8敗、防御率2・58、昨年は11勝6敗、防御率1・82まで盛り返した。とくに昨年達成した10完投、6完封は分業制が当たり前になっているプロ野球では達成不可能と言われていた数字である。

巨人の投手コーチに就任した桑田真澄氏はテレビに出演して「中6日、7日の時代ですから、なぜ完投しないのかが僕はよくわからない」と発言しているが、この発言は大野の快投に触発された部分がありそうだ。

リリーフ陣は抑えのR・マルティネスが昨年、防御率1・13を残した。与四球率2・70、奪三振率11・03もハイレベルな数字で、昨年は8月以降、中継ぎから抑えに役割を変えて、チーム力上昇の大きな力になった。ストレートは最速161キロを計測し、スプリット、チェンジアップなど落ちる球を織り交ぜて、打たれる雰囲気がなかった。

高校卒はやはり少ない。15年以降、小笠原慎之介（15年1位）、藤嶋健人《けんと》（16年5位）、石川翔《しょう》（17年2位）、清水達也（17年4位）、山本拓実（17年6位）、垣越建伸《かきごしけんしん》（18年5位）、竹内龍臣《りゅうしん》（19年6位）、そして高橋宏斗《ひろと》（20年1位）、福島章太（20年4位）、加藤翼（20年5位）の10人獲っているが、出てきたと思ったら故障で落ちて、落ち着かない。昨年、一軍戦で実績を残したのは、藤嶋、山本の2人だが、先発タイプが出てこないのはやはり上位指名が少ないからだろうか。

梅津《うめつ》晃大《こうだい》の復活も待たれる。昨年8月2日のヤクルト戦で延長10回を1人で投げ抜き、0対0という昭和40年代のような投手戦を演じた。この試合で右ヒジに痛みが出て、同月6日に登録を抹消、シーズン終了までマウンドに上がらなかったが、背番号が28から18に変わったのはニュースだ。

18は他球団のように「エースナンバー」というわけではない。近年では中里篤史《なかざとあつし》、伊藤準規《じゅんき》、鈴木翔太という「期待の若手」に与えられることが多く、思いとは裏腹に活躍しないまま終わる選手が多い。その悪循環を梅津には断ってほしい。

ドラフト分析

将来のエース候補、1位高橋宏斗を一本釣り

1位で競合する球団がない指名を「一本釣り」と言う。15〜19年までの過去5年では、西武、ＤｅＮＡが3人、オリックス、広島が2人、楽天、巨人、ヤクルト、阪神が1人ずつという内訳。この間、一本釣りをしなかったのはソフトバンク、ロッテ、日本ハム、中日の4球団で、今ドラフトではこの中から日本ハムと中日が一本釣りに踏み切った。

1位高橋宏斗（中京大中京高・投手）は志望する慶應大のＡＯ入試に失敗すると、すぐにプロ志望届を提出した。47年前、やはり超高校級の江川卓投手（元巨人）が慶大受験に失敗し大きなニュースになったが、江川を取り巻く世間の空気が暗かったのに対し、高橋の周囲には暗さがない。慶大からプロへという切り替えの速さがよかったのだと思う。

19年秋の明治神宮大会ではチームを優勝に導き、全国区の認知度を得た。私が見たのは準々決勝の明徳義塾高戦と準決勝の天理高戦で、ともにストレートは最速148キロを計測し、変化球は横変化のスライダー、カットボールにフォークボール、ツーシームがあり、どれもキレがよかった。一番注目した投球フォームは弱点がない。体に密着して腕が振れ、下半身主導なので肩、ヒジにかかる負担も小さい。明徳義塾高戦では7回完投し（コール

ド勝ち）死球1、天理高戦はリリーフで4回投げて四球1が示すようにコントロールのよさも一級品だった。

20年夏の甲子園交流試合ではさらに進化した姿を見せた。前年にくらべマウンド上で躍動していたのだ。そしてスライダーは大きな変化ではなく打者の近くで小さく横変化していた。上のレベルで通用するよう新型コロナウイルス禍の自粛期間中に試行錯誤していたことを思わせる。高校卒の一軍定着には最低でも1年間のファーム生活が必要だと思うが、高橋には最初から一軍で投げられるだけの完成度と馬力が備わっている。

2位森博人《ひろと》（日本体育大・投手）はさらに即戦力度が高い本格派だ。18年6月2日に上京した明石商高との練習試合で見たのが最初で、このときはストレートが最速146キロを計測し、横変化のスライダーとフォークボールを交えて2イニング投げて2個の三振を奪った。

20年秋のリーグ戦、武蔵大戦では先発して7回まで被安打1の快投を演じ、ストレートは最速148キロを計測、始動から投げたボールがキャッチャーミットに収まるまでの投球タイムは最長2・67秒という長さ。これは打者の気配を探りながらコースを操れる高等技術と言っていい。

秋の横浜市長杯準決勝の共栄大戦では3番手でリリーフし、3回3分の2を自責点0に抑え、ストレートの最速は152キロを計測した。カットボールは142キロ、スライダーは123キロとスピード差があり、右打者の内角に腕を振ってストレートを投げ込む制球力と勝負度胸も備わっている。来季の中日のピッチングスタッフは先発よりリリーフ陣に弱さがあるので、敗戦処理からスタートしてシーズン中盤以降は勝利の方程式をになう中継ぎ役をこなしたい。

3位土田龍空《りゅうく》（近江高・遊撃手）は1年時の18年夏、2番・遊撃手として甲子園大会の全イニングに出場した。まず注目したのは俊足で、打者走者としての一塁到達はバントのときが4・0秒台、内野ゴロは4・2秒台がほとんどだった。準決勝の金足農業高戦では吉田輝星《こうせい》（日本ハム）と対戦し、4球目の138キロストレートをレフト方向に二塁打を放ち、二塁到達は8・04秒を計測。

翌年夏、初戦で東海大相模高と対戦したときは1番・遊撃手として出場し、第2打席で遠藤成《じょう》（阪神）からレフト前ヒットを放っている。小さい動きでタイミングを図るステップに特徴があり、捕手寄りで捉え逆方向に放つ技術もハイレベル。この試合では世代ナンバーワンと言われる守備面で2つのエラーをしている。超高校級の技巧派左腕、林優樹は2回まで4人の右打者をショートゴロに打ち取っていたが、3、4回に土田のエラーが続くとそれ以降、ショートへ打球が飛んだのは9回のゴロだけ。超高校級のディフェンス力が評価される土田の苦い記憶を掘り起こした。

4位福島章太（倉敷工高・投手）は20年夏の岡山県独自大会2回戦（初戦）で岡山学芸館高に1対4で敗れたあとに行われたプロ志望高校生合同練習会（以下、合同練習会）で注目を集めた。超高校級の西野力矢《りきや》（大阪桐蔭高）、土田（中日3位）など5人と対戦し、西野は141キロのストレートで空振りの三振、土田は138キロのストレートで二塁ゴロに打ち取り、5人目の打者にセンター前に弾き返されたが、5人中2人を空振りの三振、2人を内野ゴロに打ち取っている。

スリークォーターから最速147キロのストレートと110キロ台のスライダーを投げ分け、土田を打ち取ったのは内角いっぱいを突くストレートだった。もう少し腕を下げれば左腕の中継ぎ、福敬登《ひろと》と同型のリリーバーになれるかもしれない。

5位加藤翼（帝京大可児高・投手）は20年夏の岐阜県独自大会、準々決勝の岐阜第一高戦で7対9の8回にリリーフに立ち、当時2年の阪口樂《うた》（投手）と長く語られるような勝負を演じた。2死走者なしの場面で初球151キロ、2球目150キロのストレートが低めに外れ、ボールカウントが2ボールになったあと3球目の149キロのストレートをライトスタンドに放り込まれるのだが、そのあとの打者に自己最速の153キロのストレートを投げたところに凄みを感じる。

8月30日の合同練習会では投げる直前に豪雨が襲来し、室内練習場での投球になった。4位福島の直後のマウンドで、対戦するバッターは西野、土田など同じ顔ぶれ。まず西野を高めストレートで空振りの三振に斬って取り、土田には初球の真ん中高めストレートをセンター前方向に弾き返されるが、後続にヒットを許さず降板している。テークバック時に軸足を折るスタイルは斎藤佑樹（日本ハム）を思わせるが、球の速さ以外の真上からの腕の振りや、下半身主導の体重移動など見どころが多くあり、いつまでも見ていたいと思わせる選手だ。ドラフトの指名順位は1位の高橋と差があっても本格派としての素質はそれほど大きく変わらないと思う。

6位三好大倫《みよしひろのり》（JFE西日本・外野手）は投手兼任の外野手として入社し、外野に専念するようになったのは19年から。この年の都市対抗では9番・右翼手としてスタメン出場し、結果は出ていないが第1打席で二塁ゴロを打ち、このときの一塁到達が4・10秒で足が速い選手だと記憶に残った。

まだ都市対抗、日本選手権という全国大会では華々しい活躍をしていない。20年の都市対抗中国地区予選では4番を打ち、18打数5安打、打率・278を記録している。社会人出身でも本格化を目前にした未完の大器という評価でいいと思う。

横浜DeNAベイスターズ

三浦大輔

三浦新監督の「経験」が窮地のチームを救う!?

年	シーズン順位	交流戦順位	観客動員数
2016	3位	9位	193万9146人(7位)
2017	3位	7位	197万9446人(7位)
2018	4位	8位	202万7922人(6位)
2019	2位	4位	228万3524人(5位)
2020	4位	—	46万7700人(5位)

＊(　)は12球団中の順位

選手の年齢構成（DeNA）

年齢	投手	捕手	一塁手	二塁手	三塁手	遊撃手	外野手
18・19	高田琢登 松本隆之介				小深田大地		
20	浅田将汰	東妻純平				森敬斗 田部隼人	
21	勝又温史	益子京右					
22	中川虎大 阪口皓亮 櫻井周斗 池谷蒼大					知野直人	
23	伊勢大夢 京山将弥 入江大生	山本祐大		牧秀悟			細川成也
24	坂本裕哉						蝦名達夫
25	飯塚悟史 上茶谷大河			宮本秀明 伊藤裕季也			
26	東克樹 濵口遥大 砂田毅樹 平良拳太郎						楠本泰史 関根大気
27	齋藤俊介 笠井崇正 大貫晋一 ロメロ						佐野恵太 神里和毅 乙坂智
28	石田健大 今永昇太 風張蓮		山下幸輝	柴田竜拓 田中俊太			桑原将志
29	山﨑康晃 進藤拓也 エスコバー	髙城俊人					
30	国吉佑樹 ピープルズ	嶺井博希		倉本寿彦			オースティン
31	三嶋一輝	戸柱恭孝					
32	平田真吾 三上朋也 田中健二朗 武藤祐太	伊藤光	ソト		中井大介		
33					宮﨑敏郎		
34						大和	
35〜							

［註］ポジションは20年の一、二軍の守備成績を参考

三浦大輔新監督がファーム監督時代に重視したのが盗塁とバント

ラミレス監督が退陣した。現役引退後、ＢＣリーグの群馬ダイヤモンドペガサスに打撃コーチ兼外野手として入団、さらに同球団のシニアディレクターを務めながらオリックスの巡回コーチを兼任していた経歴を16年版で紹介した。その経歴の端々で注目したのは、ラミレス氏の「ＮＰＢで監督をやりたい」という発信だった。監督になったらこういうことをやりたいというアイデアがたくさんあったのだろう。

「データ８割、フィーリング２割」はよく知られたラミレス氏の采配流儀だが、それまでの監督が起用しなかった選手を積極的に起用したのもラミレス氏だった。16年にＤｅＮＡの監督に就任すると野手では宮﨑敏郎、桑原将志《くわはらまさゆき》、倉本寿彦《としひこ》や新人の柴田竜拓《たつひろ》、戸柱《とばしら》恭孝《やすたか》たちを積極的に使い、それ以降も神里和毅《かみざとかずき》、佐野恵太などドラフト上位、下位に関係なく、使い切った。投手も今永昇太のような鳴り物入りで入団した選手だけでなく、３位以下で入団した大貫晋一、京山将弥《まさや》たちの積極的な抜擢も目を引いた。

ラミレス監督が就任する前と後では成績がまったく違う。就任前は10年連続Ｂクラスで、そのうち７年は最下位だった。就任してすぐ３位に上り、その後も３位↓４位↓２位↓４

位と上位・下位が半々。フロントトップはスター選手だった三浦大輔・ファーム監督を一軍の監督にしたかったのだろうが、98年に日本一になった権藤博監督を2年連続3位になったタイミングで退任させ、超一流の実績を持つ森祇彦《まさあき》氏をそのあとに据えた01年の監督人事をどうしても思い出してしまう。

三浦新監督には期待している。フロントから三顧の礼を持って迎えられる人はコーチや二軍監督を経ないで在野から一気に監督に就くことが多いが、三浦監督はそうではない。過去2年、一軍投手コーチ、ファーム監督を経て監督に就任した。また、新監督の就任会見で、スポーツ紙の記者から「巻き返すために何が一番必要か」と聞かれたとき、「得点力を上げる」と即答した。

投手出身の多くの監督は同じ質問を受ければ、「守りの野球」を最初に挙げる。野手出身の監督でも「投手を中心にした守りの野球を押し立てる」という人は多いと思う。守りの野球と攻めの野球の境目がどこにあるのかよくわからないが、ディフェンス野球を標榜した川上哲治、廣岡達郎、森祇彦、野村克也各氏が指揮したチームの攻撃陣は投手力と同等かそれ以上に機能した。「野球は点取りゲーム」という本質を忘れてはチームは頂点に立てないというのは歴史的な事実である。

今年のDeNAはFA権を行使して主力の井納翔一《いのうしょういち》、梶谷隆幸《かじたにたかゆき》が移籍した。ドラフトでも即戦力間違いなし、という選手を指名していない。それ以外の入団選手は梶谷の人的補償で獲得した田中俊太と外国人投手のロメロだけ。はっきりいって苦戦は免れない。

昨年三浦氏がファーム監督時代にやった主戦略は盗塁とバントである。チーム打率・255はイースタンリーグ5位、本塁打61は4位。打撃力の弱さを見越していたのか犠打57、盗塁65はリーグ1位だった。

これに対して一軍は打率・266、本塁打135がリーグ1位で、犠打51、盗塁31は最下位である。スポーツ紙の報道によると新型コロナウイルスの影響で外国人の来日予定が未定なのは西武とDeNAらしい。本塁打はソトの25本、オースティンの20本が外国人に負っている本数で、退団したロペスの12本、梶谷の19本が喪失分。135本のうち半分以上の76本が計算できなかったら大ごとである。三浦監督がこの緊急事態を予測していたとは思わないが、ファーム監督時代にやっていたことが生きることは間違いない。

新人の出番が多くなることが予想できるが、20年のドラフト1位入江大生《たいせい》は未完成の部分が多く、即戦力の魅力に乏しい。最も需要があるのが二塁手の牧秀悟だろう。最も人材が集まっているのがこの二塁で、彼らを他のポジションにどう振り分けるのか腕の見せどころである。ファーム監督時代の秘蔵っ子、チームトップの15盗塁を記録した宮本秀明《しゅうめい》あたりの抜擢ができれば注目を集めそうだ。

スタメン分析

高校卒5年目、細川成也の抜擢に期待

チーム力が上位球団にくらべ落ちるDeNAにとってスタートダッシュは大きな意味を持つ。そして、外国人に依存する部分が大きいのがDeNA攻撃陣である。もちろん、ソト、オースティンたち外国人の来日が遅れることは重大な意味を持つ。

もし、序盤戦にソト、オースティンが間に合わなければ、ファームで活躍した若手を起用してもいいのではないか。ラミレス前監督は埋もれていた戦力を活用するのがうまかったが、20歳代前半までの若手は抜擢できなかった。三浦監督にとってラミレス前監督は超えなければならない壁なので、抜擢した若手が活躍すればチーム成績とは関係なく、新監督としての存在感は見せつけることができる。その一番手が細川成也《せいや》だ。新人だった17年以来のファームの成績を紹介しよう。

17年　打率・201　安打78　本塁打10　打点33　※規定打席到達
18年　打率・231　安打66　本塁打8　打点29　※規定打席到達
19年　打率・293　安打79　本塁打15　打点51
20年　打率・318　安打68　本塁打13　打点53　※規定打席到達

ファームでこれだけ実績を残せば一軍に定着してもいいはずだが一軍での通算成績は68試合に出場して打率・233、安打34、本塁打5、打点17。今季は大学に進んだ同級生がプロ入りしてくる。若手だから、という言い訳はもうできない。もし外国人の来日が遅れたらこんな布陣が考えられる。

捕手＝戸柱、一塁手＝佐野、二塁手＝柴田、三塁手＝宮﨑、遊撃手＝牧、左翼手＝細川、中堅手＝神里、右翼手＝宮本。遊撃手の大和を新人の牧に代えたのは、外国人不在で長打力の減退が考えられたためである。この布陣は今季の緊急避難的な措置であると同時に、近い将来への示唆でもある。

スタメン候補

	［スタメン］	［控え］
捕	＊戸柱　恭孝	伊藤　光
		嶺井　博希
一	ソト	伊藤裕季也
二	＊柴田　竜拓	牧　秀悟
三	宮﨑　敏郎	＊田中　俊太
遊	大　和	＊倉本　寿彦
左	＊佐野　恵太	細川　成也
中	＊神里　和毅	桑原　将志
右	オースティン	＊宮本　秀明
		＊乙坂　智

＊は左打ち

昨年の佐野には驚かされた。6月までは打率・351と打ちまくったが、本塁打が0なのでいつか落ちると思っていた。それが、7月以降飛距離が伸び、8月には月間6本を量産、最終的には打率・328で首位打者に輝き、本塁打20、打点69も高レベルだった。梶谷、筒香嘉智を取材したとき2人が揃って言ったのは「指導者から上からダウンスイングで打てと言われていた」という技術的な縛り。2人はそれを自分の意思で変え、梶谷はアッパースイング、筒香はレベルスイングに活路を求めた。

佐野は筒香たちが切り開いた道を歩んだ。少しずつ穏やかになったが、新人年に見たときは思い切り下からアッパースイングでバットを振っていた。自分の道は自分で切り開くという道が最初から出来上がっていた環境は佐野にとって幸運だったたと言える。

三浦色は出していいと思う、というより、出さないと厳しい。ラミレス前監督は一言で言えば「やりくり」のうまい指揮官だった。手持ちの材料だけでそれなりの料理を作る、ベテランの主婦のようだった。スカウト陣はその手腕に甘えたのではないか。どんな選手を獲ってもそれなりに使い廻して、それなりの選手に育て上げる。しかし、優勝するチームは主婦の手腕ではできない。まず大切なのは最高の素材である。

チームの中にドラフト1位で入団した野手が1人もいないのは問題である。そんなチームはＤｅＮＡだけだ。スカウティングの問題だが、チーム内に1人だけいる森敬斗《けいと》（遊撃手）を一軍の戦力にすることが三浦新監督に課されたテーマである。

大和34歳、倉本寿彦30歳の年齢的後退を見込んで19年に単独指名した選手である。新人年の昨年にファームで２０７打席立たせたのは期待の表れだと思う。

ピッチングスタッフ分析

山﨑康晃がいなくても三嶋一輝が抑えにいる

沖縄春季メンバーの顔ぶれを見ると少し不安になる。一軍候補の宜野湾組をA班、二軍候補の嘉手納組をB班とすると、今永昇太、山﨑康晃、東克樹《あずまかつき》がB班にいるのだ。今永は昨年、8月15日を最後にマウンドから姿を消し、東は前年のトミー・ジョン手術の影響で一、二軍戦での登板がなく、山﨑は40試合に登板しているが、10月は2試合、11月は1試合しか投げていない。これほどのジリ貧でも昨年のチーム成績がそれほど悪くないのが不思議である。防御率3・76はリーグ3位、セーブ24は4位、ホールドはリーグ最多の104だった。新監督はこの不安と期待が半ばする投手陣でやりくりできるのか、今永、東、山﨑不在でも戦える陣容を作れるのか。

もし山﨑を抑えで起用できなかったら、48試合にリリーフ登板して18セーブを挙げた三嶋一輝《かずき》が抑えになる。与四球率2・45、奪三振率8・69は守護神の資格を十分に備えている。法政大時代はリリーフで起用されることが多かったが、DeNA入団後の13～16年は先発での起用が多く、防御率は3～4点台が多かった。ストレートが速く、法大時代は東京六大学リーグ歴代最速の155キロを計測したこともある。その反面、持ち球が少なく、

ピッチングスタッフ

［先発］	［中継ぎ］	［抑え］	［その他］
＊今永　昇太	＊石田　健大	山﨑　康晃	平良拳太郎
＊濵口　遥大	三嶋　一輝		伊勢　大夢
大貫　晋一	＊エスコバー		＊東　克樹
ピープルズ	国吉　佑樹		京山　将弥
ロメロ	三上　朋也		＊坂本　裕哉
上茶谷大河	＊砂田　毅樹		

＊は左投げ

スライダー以外ではチェンジアップがあるくらいで明らかにリリーフタイプ。

17年以降、完全にリリーフとして投げるようになり、安定するようになったのは30歳になった20年から。つまり昨年からである。防御率はプロ入り以来初の２点台（２・45）、また１イニング当たり何人の走者を出したのかを示す「ＷＨＩＰ」は１点台を割る０・90を記録した。

三嶋の２年後輩が石田健大《けんた》だ。和田毅《つよし》（ソフトバンク）を思わせる、最後まで前肩を閉じた投球フォームに特徴があり、キレのいいストレートにスライダー、チェンジアップ、フォークボールなどを交えたパワーとうまさを兼ね備えたピッチングに特徴がある。本格的にリリーフ役に転じたのは19年からで、そこから２年間、防御率が２点台で安定している。

もう１人の法大ＯＢがリリーフ投手の三上朋也で、７年間の通算成績は２８７試合に登板して８勝14敗23セーブ１１１ホールド、防御率３・02。私の考える成功選手の基準は「３００試合登板」「50勝（1セーブ、1ホールドは0・5勝でカウント）」なので、三上はとっくにハードルを超えている。この法大OBを中心に、剛腕の左腕・エスコバー、右腕。国吉佑樹を交えたリリーフ陣は文句ないので、問題は先発だ。

東はリハビリの経過次第だから計算外。今永も10月に受けた左肩のクリーニング手術からの復帰で、東ほど深刻な手術ではないにしても磐石な状況ではない。昨年、自身初の2ケタ勝利を挙げた大貫晋一、左腕の濵口遥大《はるひろ》に平良拳太郎、ピープルズ、上茶谷大河《かみちゃたにたいが》、新外国人・ロメロがローテーションの中心になるだろう。

ただ、名前を挙げた中には、盛り上がりに欠けるチームを一気に浮上させる爆発力を備えた選手はいない。「爆発力」というワードに合致するピッチャーなら、今ドラフト1位の入江しかいないだろう。投手としての特徴はこのあとの「ドラフト分析」を見てほしいが、完成度のなさと素質の埋蔵量の多さを天秤にかければ、埋蔵量の多さのほうに楽しみの針は振れるかもしれない。抽象的な表現で申し訳ないが、それくらい先が見えない選手であることは間違いない。

昨年、ファームで4勝1敗、防御率2・07を記録した阪口皓亮《こうすけ》も可能性を秘めた投手で、背番号12に恥じない成績を今度は一軍で残してほしい。

ドラフト分析

上位で弱点補強、下位でお家芸の左腕指名

1位指名の**入江大生**（明治大・投手）を無競争で獲得、これで15～20年の6年間で1位の単独指名が12球団の中で一番多くなった。ちなみに、単独指名の多いのはDeNA4人、西武、広島各3人、オリックス2人、楽天、日本ハム、巨人、ヤクルト、阪神、中日各1人。ソフトバンク0人が示すように強い球団は逸材には競合覚悟で向かっていき、セ・リーグは全体的に見て単独指名が多い。近年のパ高セ低がこういう面にも表れている。

入江は作新学院高時代、16年夏の甲子園大会に一塁手として出場している。2回戦の尽誠学園高戦では第4打席でソロホームラン、3回戦の花咲徳栄高戦では第2打席でレフトスタンドに2ランホームラン、準々決勝の木更津総合高戦では早川隆久（楽天1位）から1回表にストレートをスコアボード左に放り込み、チームを優勝に導く原動力になった（栃木県大会決勝から4試合連続ホームラン）。

最初は「投手・入江」がクローズアップされたが、3年夏に急成長を遂げた今井達也（西武）にエースの座を譲り、甲子園での登板は1試合にとどまった。その1試合が準決勝の明徳義塾高戦。今井が5回で降板したあと2番手が8回まで投げ、最終回のマウンドに上

がったのが入江。その投げる姿を見て、これが背番号3の投げる球かと思った。下半身主導の堂々とした投球フォームで、ストレートは最速145キロを計測し、斜め変化のスライダーや縦変化のカーブのキレも一級品。これでもエースになれない作新学院ってどんなチームなんだと心の底から感心した。観戦ノートには「速いだけの急造ではない」と書いた。

明治大進学後は2年秋まで勝ち星がなく、3年秋までの成績は2勝5敗、防御率2・97。素質が開花したのは4年秋だ。とくに高田孝一（楽天2位）、石川達也（DeNA育成1位）と投げ合い、7安打完封した法政大1回戦の投球は見応えがあった。

最速150キロを計測したストレートと130キロ台中盤のフォークボールを主体に、カットボール、縦変化のスライダーなども交えて9回を被安打7、与四球1、奪三振13で完封した。翌週の慶應大1回戦は2対2で引き分けたが、8回まで木澤尚文（ヤクルト1位）と1点を争う投手戦を演じ、奪三振10を記録した。楽天1位・早川のような即戦力ではない。先発タイプの未完の大器、という形容がぴったりくる。無走者でもセットポジションで投げ、時折クイックモーションで投げる器用さもある。

2位牧秀悟（中央大）はアマチュアでは珍しい「強打の二塁手」だ。新型コロナウイルスの影響で4年春のリーグ戦が行われない中でも通算82安打、5本塁打を記録し、2年秋から3季連続でベストナインに輝いている（2年春は遊撃手）。3年春に打率4割で首位打者、3年秋は最高殊勲選手にも選出されている。

19年8月26日に行われた高校日本代表との侍ジャパン壮行試合では3年生で4番に座り、同年にオリックスに1位指名された左腕・宮城《みやぎ》大弥《ひろや》からレフト方向に二塁打を放ち、このときの二塁到達が俊足と評価できる8・15秒だった。6回には同年に阪神から1位指名された西純《じゅんや》矢のスライダーをレフトスタンドに放り込んだ。

19年秋の明治神宮大会準々決勝、東海大戦では3回にドラフト候補の原田泰成《たいせい》の140キロストレートを捉えレフトの頭を越える2点二塁打、4回には内野安打になったがライトに抜けようかという打球を好捕している。走攻守の3拍子が揃い、最大の持ち味はやはり強打。柴田竜拓を脅かす二塁のレギュラー候補と言っていいだろう。

3位松本隆之介（横浜高・投手）は戸塚リトルシニアに所属していた中学時代から注目の左腕だった。17年春のDeNAベイスターズカップではストレートの最速が133キロながら、蹴りの強い始動で右足を高く上げるスケールの大きい投球フォームに目が釘付けになった。そのときの印象からすると横浜高校では思ったほど伸びていない。テークバック時に左腕が背中のほうまで入るので腕の振りが窮屈で、ステップしてから投げるまでの間合も早い。体が十分に割れていない状態から投げるので球持ちが短く、リリースポイントも一定しない。

いろいろ課題は多いが、横浜高校の監督が頻繁に代わっていた時期に在籍していたことを思えば、指導者に十分手を加えられていない原石の魅力がある。これは巨人の育成4位で指名された木下幹也《きのしたもとや》にも通じる思いだ。

4位小深田大地《こぶかただいち》（履正社高・三塁手）は優勝した19年夏の甲子園大会に3番打者としてフル出場している。スラッガータイプらしく全力疾走している印象はないが、決勝の星稜高戦では超高校級の奥川恭伸《おくがわやすのぶ》（ヤクルト）にノーヒットに抑えられ、それならできることをしようと思い直したのか第3打席で一塁ゴロに倒れたときヘッドスライディングで一塁に到達し、タイムは4・19秒という速さだった。

バッティングは超高校級の看板に相応しい。準決勝の明石商高戦では第2打席で中森俊介（ロッテ2位）の142キロのストレートを十分に呼び込んでセンター前に弾き返し、第5打席では代わった左腕の137キロのストレートを捕手寄りで捉えてレフト前に運んでいる。

奥川に対しては早い段階で前足を小さく引いて静止し、投げるタイミングで小さくステップしていた。150キロ以上のストレートと打者の近くで大きく変化するスライダーに対応しようとしていたのだ。自分で判断して若干の修正を大会中にできる選手は非常に少ない。このレベルの選手がよく4位まで残っていたと思う。もちろん、将来の主軸候補だ。

5位池谷蒼大《いけやそうた》（ヤマハ・投手）はストレートの最速が147キロと紹介されているが、20年秋に行われた都市対抗では日立製作所戦がリリーフで1回投げて142キロ、NTT東日本戦がやはりリリーフで3分の2回投げて142キロが最速だった。変化球はスライダー、カーブ、チェンジアップを備え、内外に揺さぶってボールの出どころが見えない投球フォームから投じる高めストレートで打ち取るというのが理想的な配球。都市対抗1回戦の日立製作所戦では3人連続で空振りの三振を奪い、その結果球はストレートだった。

NTT東日本戦では代わった最初のバッターに投じた高めストレートをレフトスタンドに放り込まれている。ドラフト候補の向山基生《むこやまもとき》に対して140キロ前後のストレートを高めに投げるというのはコントロールミスというよりストレートに対する過信。このあたりの意識改革がプロでは求められそうだ。

6位高田琢登《たかだたくと》（静岡商・投手）は3位松本、5位池谷、育成1位石川達也（法政大）と同じ左腕。最速148キロのストレートを主体に、カーブ、スライダー、チェンジアップを交えた緩急で三振を量産する本格派だ。19年11月に行われた大学生との交流試合「大学野球オータムフレッシュリーグin静岡」では下級生で構成された早稲田大と対戦し、5回を被安打1、奪三振6、失点0に抑えている。

広島東洋カープ

田中法彦

投手陣の「未来の骨格」作りが不可欠だ

年	シーズン順位	交流戦順位	観客動員数
2016	1位	3位	215万7331人（4位）
2017	1位	2位	217万554人（4位）
2018	1位	10位	223万2100人（4位）
2019	4位	12位	222万3619人（6位）
2020	5位	—	53万7857人（1位）

＊（　）は12球団中の順位

選手の年齢構成（広島）

年齢	投手	捕手	一塁手	二塁手	三塁手	遊撃手	外野手
18・19	小林樹斗						
20	鈴木寛人 玉村昇悟 行木俊					韮澤雄也	
21	田中法彦		林晃汰	羽月隆太郎		小園海斗 中神拓都	永井敦士
22	山口翔 遠藤淳志 藤井黎來 大道温貴	中村奨成					
23	高橋昂也 アドゥワ誠 森浦大輔	坂倉将吾 石原貴規				矢野雅哉	
24	塹江敦哉 高橋樹也 森下暢仁						宇草孔基
25	島内颯太郎 栗林良吏					桒原樹	正随優弥
26	床田寛樹 ケムナ誠 中村祐太				曽根海成		
27	矢崎拓也						鈴木誠也 西川龍馬 髙橋大樹
28	岡田明丈 フランスア バード ネバラスカス		クロン		メヒア 三好匠		野間峻祥
29	中﨑翔太 薮田和樹 スコット	磯村嘉孝					
30	九里亜蓮 大瀬良大地 今村猛 一岡竜司		堂林翔太				
31	中田廉			菊池涼介	上本崇司		
32	野村祐輔 中村恭平 菊池保則				安部友裕	田中広輔	
33		會澤翼					
34							
35～		白濱裕太					松山竜平 長野久義

［註］ポジションは20年の一、二軍の守備成績を参考

リーグ3連覇から2年後で精彩をなくしたのは世代交代の不備

16〜18年まで抑えなどでリーグ3連覇に貢献した中﨑翔太《なかざきしょうた》は19年秋に右ヒザ半月板部分切除手術、20年9月には右後上腕回旋動脈瘤切除術を受け、今季の登板は見えてこない。17〜19年まで3年連続して2ケタ勝利を挙げた大瀬良大地は昨年9月、右ヒジのクリーニング手術を受け、シーズン成績は11試合の登板にとどまって5勝4敗、防御率4・41。故障などで万全でなかった投手陣がそのままチーム成績に反映した昨年だった。リーグ3連覇した18年とくらべると2年しか経っていないのに中﨑、今村猛《たける》、一岡竜司のリリーフ陣がまったく機能しなかった。

野手は丸佳浩が19年にFA権を行使して巨人に移籍して、田中広輔は昨年、規定打席にこそ到達したが、150安打を放った18年以降、60安打→95安打と低迷が続いている。こういうチーム全体の沈滞ムードを助長している主力の高齢化も見逃せない。

捕手＝會澤翼33歳、一塁手＝松山竜平36歳、二塁手＝菊池涼介31歳、三塁手＝堂林翔太30歳、安部友裕32歳、遊撃手＝田中広輔32歳、外野手＝長野久義37歳……野手陣は内野手の主力がほとんど30歳を超え、成績も落ちている。そして、それに代わる若手の台頭も遅れている。

最も期待されている18年のドラフト1位、小園海斗《かいと》は新人年の58試合出場から昨年は3試合に激減し、安打も0本。ファームでは打率・305、安打76、盗塁11を記録しているので首脳陣のペナルティとしか思えないのだが、次代の主力が確実視されていた小園がポジションを確保できないと、チームの明日は見えてこない。

投手は30歳に大瀬良、今村、一岡、九里亜蓮が集まり、野村祐輔も32歳だが、チーム全体で見ると20歳代中盤から後半に主力級が集まっているので、野手ほど高齢化は感じさせない。

ただ、「中盤〜後半」と微妙に言ったが、主力が集中しているのは20歳代後半だ。中﨑、岡田、薮田《やぶた》和樹《かずき》、床田《とこだ》寛樹《ひろき》がそういう中堅で、25歳までの若手は、田中法彦《のりひこ》21歳、山口翔《しょう》、遠藤淳志《あつし》22歳、高橋昂也《こうや》、アドゥワ誠23歳、森下暢仁《まさと》、塹江《ほりえ》敦哉《あつや》24歳、島内颯太郎《しまうちそうたろう》25歳という顔ぶれで、森下以外は結果が出ていない。投手出身の佐々岡真司監督がやらなければいけないのが、この投手陣の〝未来の骨格〟作りである。

こういう不安な状況を招来させたのはドラフトだ。08年の統一ドラフト以降、ドラフト1位で高校生投手を指名したのは09年の今村だけである。2位も中田廉《れん》、高橋昂、山口の3人しかいない。福井優也、野村、大瀬良、岡田、加藤（現矢崎《やさき》）拓也、森下の大学卒が主流で、今ドラフトの1位が社会人の栗林良吏《くりばやしりょうじ》。

1回目に入札して抽選で敗れたのは大石達也（早稲田大→西武）、森雄大《ゆうだい》（東福岡高→楽天）、有原航平（早稲田大→日本ハム）、田中正義《せいぎ》（創価大→ソフトバンク）だから本当に大学生好きだ。そして岩本貴裕（08年）、今村（09年）、野村（11年）、岡田（15年）、森下（18年）、栗林（19年）が単独指名。森下、栗林の指名を見ると、やはりドラフト巧者だと感心するが、チーム全体から若さが失われているのは大学生ばかり好んで指名するドラフト戦略にも一因がある。

上位が即戦力なら高校生は下位に回される。ここから堂江（14年3位）、アドゥワ（16年5位）、ケムナ誠（17年3位）、遠藤（17年5位）、田中法（18年5位）が台頭しようとする気配がうかがわれる。

昔から大学生、社会人が中心になっていた球団である。日本シリーズを2連覇した79、80年も高校卒の北別府学以外は池谷《いけがや》公二郎、山根和夫、大野豊が社会人出身で、移籍組の江夏豊、高橋里志《さとし》も活躍した。それ以降も、川口和久、津田恒実、長冨浩志《ながどみひろし》、佐々岡、川端順《じゅん》など社会人出身が中心になって強豪時代を作った。そういう意味では現在の布陣は広島らしいと言えるのだが、新しい伝統も作ってほしい。今まで見たことのない若々しい投手陣、それがかつての広島ファンの見る夢である。

スタメン分析

どうなる鈴木誠也の後継者探し

昨年のチーム成績は、打率・262（リーグ2位）、本塁打110（4位）、得点523（2位）、盗塁64（4位）と悪くない。規定打席に到達したのは鈴木誠也、堂林、松山竜平、菊池、田中広の5人で、これは中日、ヤクルトと並びリーグ1位だ。これを評価していいのか悩むのは成績上位のソフトバンク、ロッテ、巨人、阪神が1人少ない4人だからだ。たとえば、ソフトバンクは周東佑京《しゅうとううきょう》、甲斐拓也の2人が規定打席に到達していない。周東は同ポジションの牧原大成《たいせい》、川瀬晃《ひかる》としのぎを削り、巨人も大城卓三《たくみ》、松原聖弥《せいや》が到達しておらず、大城は炭谷銀仁朗、松原は亀井義行、重信慎之介と出番を争っている。

広島はどうだろう。堂林のシーズン100安打は12年以来だが、8月以降は急速に失速した。この堂林に代わる選手がいなかった。三塁の守備成績を見ると堂林が守った93試合に次ぐのは打率1割台の三好匠《みよしたくみ》53、メヒア19である。

田中広の後継者は小園だが、昨年ショートのポジションを多く守ったのは田中広112、上本崇司《うえもとたかし》12、三好匠5だ。バッティングが振るわなくても、代える選手がいないので起用し続けた、というところだろう。このへんの選手層がソフトバンクや巨人とは違う。

投手の指名が多いドラフト戦略が野手の層の薄さを導いているのはわかったが、もう1つの不安要素がポスト鈴木誠也の準備が進んでいないこと。昨年オフ、ポスティングシステムを活用してメジャーに挑戦した西川遥輝（日本ハム）にオファーがなかったのは、メジャークラスと評価されたのが脚力だけという判断があったからだが、鈴木は走攻守の3部門とも高く評価されている。国際大会は17年のWBC、19年のプレミア12に出場し、プレミア12では打率・444、本塁打3、打点13を記録し、この3部門は大会ナンバーワンで、MVP、ベストナインにも選出されている。

国際大会でこれだけ活躍すればメジャーリーグの評価も上がる。新型コロナウイルスの影響で試合数が激減し、リーグ全体の資金力が落ちているという事情はあっても、世界から一流選手が集まってしのぎを削る世界に身を投じたいというのはアスリートの願いである。ポスト鈴木の準備は進んでいるのだろうか。

広島がポスト鈴木を探すなら手段はドラフトしかない。

スタメン候補

	[スタメン]	[控え]
捕	＊坂倉　将吾	會澤　　翼
		磯村　嘉孝
一	クロン	メヒア
二	菊池　涼介	＊羽月隆太郎
三	堂林　翔太	＊安部　友裕
遊	＊小園　海斗	＊田中　広輔
左	＊西川　龍馬	長野　久義
中	＊大盛　　穂	＊野間　峻祥
右	鈴木　誠也	＊宇草　孔基
		＊松山　竜平

＊は左打ち

今ドラフトでは6人指名して野手は6位の大学生だけ。過去5年では、坂倉将吾《さかくらしょうご》（16年4位・捕手）、中村奨成《しょうせい》（17年1位・捕手）、永井敦士《あつし》（17年4位・外野手）、小園（18年1位・遊撃手）、林晃汰《こうた》（18年3位・三塁手）、中神拓都《なかがみたくと》（18年4位・内野手）、正隋優弥《しょうずいゆうや》（18年6位・外野手）、羽月隆太郎《はつき》（18年7位・内野手）、宇草孔基《うぐさこうき》（19年2位・外野手）、韮澤雄也《にらさわゆうや》（19年4位・遊撃手）、石原貴規《ともき》（19年5位・捕手）、矢野雅哉（20年6位・遊撃手）を指名している。

5年間で12人は巨人16人、ソフトバンク13人とくらべて大差をつけられていないが、両球団は育成ドラフトで大量の選手を指名しているので、選手層には格段の差がつく。その人数の差を少しでも埋めるなら、投手と野手の指名バランスを考え直すべきだろう。

ポスト鈴木に話を戻せば、その第一候補は林だ。昨年、一軍で4試合に出場し、安打を1本放っている。二軍では19年から規定打席に到達し、打率は・225から・266、最も期待されている本塁打は7本から9本に増えている。出場試合数が19年は102試合で、昨年が69試合だから確率はぐんと上がっている。

ポジションは堂林が守る三塁なので、補強ポイントである。一軍出場を少しずつ増やし適応力を判断するレベルに上がっていることは確かである。

ピッチングスタッフ分析

弱点のリリーフ陣を救うか栗林良吏、田中法彦

チーム成績は打撃成績より悪い。防御率4・06はヤクルトに次ぐワースト2位。とくに目を引くのはセーブ21（ヤクルトと5位タイ、つまり最下位）、ホールド56（圧倒的な最下位）という成績。つまり、リリーフ陣が弱い。

左腕のフランスワは19年、67試合に登板して8勝6敗12セーブ18ホールド、防御率2・76を挙げ、中﨑、今村の不調を助けたが、チームとしての23セーブ、95ホールドはリーグ最下位だった。20年は中継ぎから抑えに回ることが多くなって、2勝3敗19セーブ7ホールド、防御率2・45という成績。悪くはないが、育成から支配下に転じて47試合に登板し、防御率1・66を記録した18年の迫力には及ばない。

一岡はV2の17年に防御率1・85を挙げたあと2点台後半が2年続いて昨年は6・23まで下がり、登板数は19。今村、中﨑は前に書いた通りである。逆に期待値が高いのは左腕本格派の塹江や18年2位の島内だが、昨季、塹江は与四球率5・62が災いして防御率は4・17。島内も与四球率6・69、防御率4・54。

ファームに目を向ければ昨年、チーム1位の12セーブ（ウエスタンリーグ1位）を挙げて

ピッチングスタッフ

[先発]	[中継ぎ]	[抑え]	[その他]
森下　暢仁	＊フランスア	栗林　良吏	岡田　明丈
野村　祐輔	九里　亜蓮		一岡　竜司
大瀬良大地	＊中村　恭平		＊高橋　昂也
遠藤　淳志	ケムナ　誠		アドゥワ誠
ネバラスカス	田中　法彦		島内颯太郎
＊床田　寛樹	＊塹江　敦哉		

＊は左投げ

いる田中法彦が光る。18年5位の高校卒で、昨年は10月29日のヤクルト戦で一軍デビューを飾り、翌30日の中日戦でも1イニング投げて無失点。ファームでは与四球率2・77、奪三振率9・35を挙げているように安定感は十分だ。

高校時代はストレートの最速が152キロと言われ、私は三重大会で147キロを見ているので実際に速い。ただ一軍戦では145キロ前後が多かったのでまだ存分に腕を振ってストライクゾーンに投げる自信はないのだろう。

もう1人の抑え候補が今ドラフト1位の栗林だ。このあとのドラフト分析で長所を書いているので参考にしてほしいが、最もいいのは自信に満ち溢れたマウンド上の立ち姿。大学、社会人を通してレベルの高い全国大会の舞台を踏んでいるので、そこはまだ田中法が及ばない部分と言っていい。

先発は新人王に輝いた森下が〝2年目のジンクス〟に挑む。相手球団に研究され、弱点が晒されることによって訪れるが、投球フォームにクセが見えづらい投手は2年目のジンクスの対象にならない、というのが私の意見だ。昨年は９月まで６勝３敗と好成績を残していたが、新人争いでは８勝４敗で先を行く戸《と》郷《ごう》翔《しょう》征《せい》（巨人）の後塵《こうじん》を拝していた。それが10月に３勝０敗、11月に１勝０敗を挙げて追い抜き、初タイトルを手にした。

森下に続くのは野村、大瀬良のベテランに新外国人、ネバラスカス、新鋭の床田、遠藤。ネバラスカスは映像を見るとクセのない投球フォームから１５０キロを超えるストレートにスライダー回転に近いカーブやカットボールをコントロールよく投げ込む本格派で、このレベルの投手が３Ａクラスで投げていることがメジャーのレベルをよく表している。

遠藤は昨年、19試合に登板して５勝６敗、防御率３・87を記録している。ストレートは１４０キロ台がほとんどだが打者の空振りが目立つのは打者の手元で伸びるような球筋のせいだろう。球速表示以上に打者の目には速く見えるはずで、これにカーブ、スライダー、チェンジアップなどを交えて、今季22歳とは思えない大人びたピッチングを展開する。

床田は新人年の17年に左ヒジの故障（手術）がなければローテーションに入っていた選手だ。今中慎二（元中日）を思わせるしなやかな腕の振りから１５０キロを超えるストレートを投げ、19年は25試合を投げ、クオリティスタート（６回３失点以内）を15回記録して注目された。昨年は５勝８敗、防御率４・93と安定感を欠いたが、先発タイプの左腕という希少性もあり先発候補に入れた。

ドラフト分析

即戦力候補を獲りまくり軟弱な投手陣の立て直しを図る

昨年の投手成績は、防御率4・06（リーグ5位）、セーブ21（5位）、ホールド56（6位）と振るわなかった。この投手陣を立て直すために今ドラフトでは確実性を重視して即戦力候補を獲りまくり、その結果、統一ドラフトになった08年以降で見ると、広島の単独1位指名はリーグ最多の6人になった（パ・リーグは西武7人、オリックス6人）。

1位栗林良吏（トヨタ自動車・投手）は自他ともに認める社会人ナンバーワン投手。20年の都市対抗、セガサミー戦は2回表、8番打者に2ランホームランを打たれ0対2のスコアで初戦敗退したが、投球内容は7回投げ被安打5、与四球2、奪三振13と安定していた。

この試合のストレートの最速は150キロ。これを左右打者に関係なく内角胸元に突けるというのが最大の長所で、緩急をつける武器は大きく縦に割れるパワーカーブ。これをストレートと同じ腕の振りで投げ分け、140キロ前後で落とすフォークボールも一級品。カーブの角度や落差の大きさも新人王の森下暢仁とくらべても遜色がない。

13奪三振の内容はフォークボールで取ったのが8個、ストレートで取ったのが5個。ゲーム前半のフォークボールは指に引っかかって抜け気味になり、1回にはホームラン性の特大ファールを打たれている。決勝打になったホームランは2球続けたストレートで、球速も同じ143キロだった。この打者に第2打席ではフォークボール、カーブ、フォークボールでショートフライに打ち取っているが、1、2回は総じて甘いボールが多く、立ち上がりの不安が今後の課題になる。

投手陣の現状を見れば、ゲーム終盤に出てくるリリーフが適役。最速153キロのストレートを基調にフォークボール、カーブを交えた縦の攻め方も有効だろう。球種やコースを見極められる投球フォームのクセもなく、即戦力の期待に応えられる力を備えている。新人王の有力候補と言っていい。

2位森浦大輔（天理大・投手）は1年のとき出場した17年全日本大学野球選手権（以下、大学選手権）2回戦、大阪商業大戦の快投が忘れられない。9回投げて被安打4、与四球3、奪三振16、失点2という完投劇を演じたのだ。それも大商大の6番打者、太田光からは4打席連続三振を奪っている。18年のドラフト2位で楽天入りし、現在は捕手のレギュラーに近い太田光だけに価値がある。

このときのストレートの最速は141キロ。翌18年の大学選手権1回戦、同じ大商大戦では140キロが最速なので速い投手ではない。125キロの横スライダー、115キロの斜めカーブ、さらに125キロのチェンジアップを駆使し、緩急と制球力で打者を追いつめていく技巧派だ。20年秋の阪神大学野球リーグでは大阪体育大学戦でノーヒットノーランを演じ、4勝1敗、防御率0・60で初のベストナインに選出されている。

課題はプロの一軍で通用する〝一芸〟を身につけることだろう。今の投球フォームは上手に近いスリークォーターなので、もう少し腕を下げ、サイドに近い位置から投げれば高梨雄平（巨人）タイプの左打者キラーになれるかもしれない。ストレートに速さがないので、緩い変化球を持ち球にして緩急を際立たせたる技術もほしい。

3位大道温貴《おおみちはるき》（八戸学院大・投手）は19年夏の大学選手権1回戦、佛教大戦で見たとき、投球フォームの美しさに注目した。体の近くで腕を振り、前肩の早い開きのないフォームからストレートが最速145キロを計測し、これを右打者の内角にねじ込むコントロールも備わっている。

春日部共栄高3年夏の埼玉大会準決勝、花咲徳栄高戦で見たときの印象もこのときとほとんど変わらない。美しい投球フォームからストレートは最速142キロを計測し、カーブとスライダーを低めに集めて緩急を操るというスタイルだ。このときは高橋昂也（広島）と1点を争う投手戦を演じ、9回表に3本の長短打を集められ3点を奪われたが、8回まで2失点に抑え、ゲームをしっかり作った。ここまでの文章を読めば好投手というイメージを持たれると思うが、ストレートは150キロに達し、フォロースルーでボールを押し込む力強さも備えている。1位の栗林とは体格、投球スタイルともよく似ているのでいいライバルになりそうだ。

4位小林樹斗《たつと》（智弁和歌山高・投手）はもう少し上の順位で指名されると思った。2年生だった19年春の甲子園大会準々決勝、明石商高戦で2番手として3回からリリーフし、中森俊介（ロッテ2位）と9回まで投げ合った。この試合のストレートの最速は中森の146キロに対し、小林は1キロ上回る147キロ。3対3の同点で迎えた9回裏、先頭打者の来田《きた》涼斗《りようと》（オリックス3位）にライトスタンドにサヨナラホームランを打たれ幕を引いたが、カットボール、フォークボールなどのキレのよさを見ればドラフト2～3位で指名されてもおかしくなかった。

19年夏の甲子園大会では1回戦の米子東高戦でやはりリリーフで登板し、ストレートの最速が148キロを計測し、それまで3安打を放っている岡本大翔《ひろと》（巨人育成1位）を146キロのストレートで空振りの三振に斬って取っている。3回戦の星稜高戦では奥川恭伸（19年ヤクルト1位）と先発で投げ合い、3回まで無失点に抑えている。ヤクルトから3位指名された内山壮真《そうま》とは1、3回に対戦し、1回はレフト前にヒットを打たれ、3回はショートゴロに打ち取っている。リリーフ登板が多いのでプロでも同じ役割をまかされそうだ。これまでのストレートの最速は152キロ。

5位行木《なみき》俊《しゅん》（四国アイランドリーグ徳島・投手）は投手になったのが横芝敬愛高2年から。それでいて四国アイランドリーグに在籍して2年目に支配下ドラフトで指名されているのだから素質のよさがうかがえる。内回旋してテークバックに向かい、早い体の開きもなく、体が真っ直ぐ打者に向かって投げ下ろす本格派。最速150キロのストレートと大きく縦に割れるカーブで打者を圧倒する。

6位矢野雅哉（亜細亜大・遊撃手）は「守備率10割」を目標に立てるほどの守備名人として知られている。19年秋の東都大学リーグ戦では13試合にフル出場して、失策はゼロ。その守備名人がこの19年秋は打率・415で首位打者を獲ったから驚いた。

171センチ、72キロの体格からうかがえるようにチャンスメークが役割。19年秋はリーグ最多の17安打を放ち長打は三塁打の1本だけ。二塁打でなく三塁打というところに持ち味が見える。20年秋は一転して打率2割に低迷し、ヒットは6本に終わった。私が見た対中央大1回戦では第3打席で三塁打を放ち、このときの三塁到達は11・23秒という速さ。6回には9番打者の強いゴロをショートバウンドで好捕、そこから強い球筋でアウトにしている。打てなくてもスランプがないと言われる守備と走塁でチームに貢献するスタイルは広島好みと言ってよさそうだ。

東京ヤクルトスワローズ

小川泰弘

なぜ上位指名の「即戦力投手」が機能しないのか

年	シーズン順位	交流戦順位	観客動員数
2016	5位	11位	177万9460人(9位)
2017	6位	12位	186万2731人(8位)
2018	2位	1位	192万7822人(8位)
2019	6位	11位	195万5578人(8位)
2020	6位	—	36万593人(8位)

＊(　)は12球団中の順位

選手の年齢構成（ヤクルト）

年齢	投手	捕手	一塁手	二塁手	三塁手	遊撃手	外野手
19	嘉手苅浩太	内山壮真					
20	奥川恭伸					長岡秀樹 武岡龍世	
21	市川悠太 鈴木裕太				村上宗隆		濱田太貴
22	梅野雄吾 金久保優斗 山野太一						並木秀尊
23	長谷川宙輝 寺島成輝 木澤尚文	古賀優大				元山飛優	
24	高橋奎二 吉田大喜 杉山晃基 大西広樹			渡邉大樹	太田賢吾	廣岡大志	渡邉大樹
25	清水昇 久保拓眞						中山翔太
26	今野龍太 蔵本治孝	宮台康平		松本友	宮本丈	奥村展征 吉田大成	
27	中尾輝 星知弥 坂本光士郎						
28	原樹理 歳内宏明	松本直樹					塩見泰隆 山崎晃大朗
29	大下佑馬 スニード	西田明央		山田哲人			オスナ サンタナ
30	高梨裕稔	大村孟				西浦直亨	
31	小川泰弘	中村悠平					
32	スアレス マクガフ						
33	石山泰稚						
34			荒木貴裕		川端慎吾		
35～	石川雅規	嶋基宏	坂口智隆 内川聖一				青木宣親 雄平

［註］ポジションは20年の一、二軍の守備成績を参考

最弱投手陣でも攻撃陣の奮起次第では上位も望める変則チーム

　昨年、ＦＡ権を行使して移籍するのでは、と噂されていたエースの小川泰弘《やすひろ》が残留して首脳陣はホッとしただろう。新人年から第一線で8年間投げ続け、通算75勝59敗、防御率3・63は、チームがＢクラスに長くいたことを思えば大健闘と言っていい。

　抑えの石山泰稚《たいち》とこの小川を指名した12年を最後に、ヤクルトのドラフトは沈滞した。12年以降の8年間で戦力になったのは秋吉亮《りょう》（現日本ハム）、原樹理《じゅり》、清水昇《のぼる》の３人だけで、私が成功選手の基準にする「３００試合登板、50勝（1セーブ、1ホールドは0・5勝）」に到達しているのも秋吉だけ。今後の野球生活で原、清水がこのラインに到達するのは現在の成績では難しい。

　この8年間の投手の指名を総括してみよう。最も重要な1位は高校生が寺島成輝《てらしまなるき》（16年）、奥川恭伸《おくがわやすのぶ》（19年）、大学生が杉浦稔大《としひろ》（13年）、清水（18年）、木澤尚文《きざわなおふみ》（20年）だ。杉浦はヤクルトでは6勝8敗に終わったが、18年に日本ハムに移籍してから3年間で13勝9敗を残し、昨年は7勝5敗と覚醒した感がある。清水は昨年30ホールドポイントを挙げ、最優秀中継ぎ投手に選出されたが、防御率3・54という成績を見るとまだ全幅の信頼を寄せることはできない。

2位では風張蓮《かざはりれん》（14年）、星知弥《ともや》（16年）、大下佑馬《ゆうま》（17年）、吉田大喜《だいき》（19年）、山野太一（20年）の5投手を指名し、社会人の大下を除き、あとの4人は大学生だ。わずかに痕跡を残しているのは新人年に24試合に登板して4勝を挙げた星だけ。大学卒、社会人出身なので年齢的な余裕がないところが苦しい。

3位以下を見るとわずかでも足跡を残したのは、秋吉（13年3位）、高橋奎二《けいじ》（15年3位）、梅野雄吾《ゆうご》（16年3位）、中尾輝《ひかる》（16年4位）の4人。「一軍試合出場なし」と表示されている選手が6年間（13〜18年）で6人いるのが辛い。

8年間ほとんど投手陣の戦力が出ていないのだからチーム成績が下がるのは当たり前だ。昨年のドラフトでも1、2位で大学生投手を指名している。これまでやってきたことは徹底的な大学生と社会人の即戦力狙い。選手を紹介しないうちに悲観したくはないが、スカウティングより入団してからのトレーニングや故障のケアという部分にこそ若手が成長し切れない原因があるのではないだろうか。

サンケイスポーツ紙の電子版によると、ホームグラウンドの神宮球場が27年の開場をめざして作り変えられるらしい。リニューアルではない。現在の神宮球場と第二球場の跡地にラグビーの聖地、秩父宮ラグビー場が作られ、現在の秩父宮ラグビー場の跡地に新・神宮球場が作られるのだ。

これは素晴らしいことだが、昨年度版にも書いたように荒川の河川敷にあるファームの本拠地、戸田がプロ野球の施設としては十分ではない。新球場建設に関わるのは宗教法人の明治神宮なので、せめてファームの施設はヤクルトが現在の場所ではないところに作ったらどうだろう。荒川が氾濫したら使えない球場はファームであっても本拠地とは言えない。ドラフトで選手を獲るのはそこからの話ではないのか。

投手陣を散々批判したが、今年は成績の上昇が見込めると思う。野手の山田哲人がFA権を行使せず、7年間の長期契約を交わしたことが大きい。また岡本和真（巨人）と最後までタイトル争いをした村上宗隆が最高出塁率（.427）を獲得した。地味なタイトルであっても初戴冠で、長打率+出塁率で表す「OPS」は1.012。村上以外でOPSが10割を超えたのはセ・リーグでは1人もいない（パ・リーグでは柳田《やなぎた》悠岐《ゆうき》が唯一10割超え）。

投手陣が弱くても攻撃陣の強さでリーグの頂点に立ったのが15年で、このときはチーム防御率がリーグ4位の3.31ながら、打撃タイトルを山田、畠山和洋、川端慎吾が独占し、ベストナインもこの3人に捕手の中村悠平を加えて4人が入った。18、19年にパ・リーグを制した西武も同じような攻撃型のチームだった。内川聖一の移籍も1年限定のプラス効果をもたらしそうだと思い、成績の上昇を予想した。

スタメン分析

内川聖一の移籍で若手の成長が加速するか

ソフトバンクから通算2171安打の内川聖一が移籍してきた。横浜（現DeNA）時代の08年に打率・378で首位打者を獲得、11年にFA権を行使してソフトバンクに移籍、その年に打率・338で首位打者を獲得した。セ・パ両リーグでの首位打者は江藤慎一（中日→ロッテ）に次ぐ史上2人目の快挙である。

15年まで結果の出なかった鈴木誠也（広島）がその年のオフ、内川の自主トレに参加したことはよく知られている。ここで内川は「持っている力は僕より数段上。トリプルスリーもできるだけのものを持っている。足も速いしうらやましい」と報道陣に話し、これが記事になっている。鈴木が活躍するのが翌16年からで、19年には打率・335（首位打者）、本塁打28、盗塁25を記録し、トリプルスリーを目前にしている。この4年前の予言が蘇り、「千里眼か」とツッコみたくなった。

ヤクルトでバッティングが期待されているのは当然だが、ブレイクを前にしている塩見泰隆（今季28歳）、廣岡大志《ひろおかたいし》（24歳）、濱田太貴《たいき》（21歳）には技術的なアドバイスを、また一軍に定着してから初めて成績を大きく落とした山田や1学年上の青木宣親《のりちか》とはいい話し相手になれるのではないか。今年37歳になる坂口智隆《ともたか》（通算１５０６安打）とのハイレベルなレギュラー争いにも注目が集まる。

私が最も期待している若手、というより中堅が塩見だ。18年のアジア・ウインターリーグで活躍してから、本書の19年版、20年版で推し続け、昨年ようやく打率・２７９、安打43、本塁打8、打点21、盗塁13と結果が出始めている。この選手が1番に定着すれば2番青木、3番山田、4番村上、5番内川という打順が組め、打線の迫力では巨人に迫る。

スタメン候補

	[スタメン]	[控え]
捕	西田　明央	中村　悠平
		古賀　優大
一	内川　聖一	＊坂口　智隆
二	山田　哲人	＊太田　賢吾
		荒木　貴裕
三	＊村上　宗隆	＊宮本　丈
遊	西浦　直亨	廣岡　大志
左	＊青木　宣親	濱田　太貴
中	塩見　泰隆	オスナ
右	サンタナ	＊山崎晃大朗

＊は左打ち

山田の昨年の不調は想定外だった。打率・２５４、本塁打12、打点52はどこにでもいる普通の選手の成績。また盗塁は前年の33から8に減っている。この盗塁数が昨年の山田をよく象徴している。新型コロナウイルスの影響で観客の少ないスタンド、FA権を行使するのかしないのか……等々、当時の山田にはゲームに集中できない何かがあったのだろう。

1年経って、新型コロナウイルスの悪影響は持ち越したままだが、FAの悩みは7年契約でひとまず決着がついた。2年連続最下位、パ高セ低の世評……等々、奮起する材料はいくらでもある。山田はヤクルトの枠の中で納まる選手ではない。日本の球界という枠の中で語られる選手、そういうことを自覚してバットを振ってほしい。

もう1人の大砲、村上は本当に成長した。ボールを待つ間も、打ちにいくときも、ボールを捉えたときも、軸がブレずに振り切れるところが素晴らしい。山田は高いグリップ位置や、打ちにいくときのバットの揺らぎが反動を使っているように見える。つまり、バットの振り幅が大きい。こういう選手はスランプに陥ることがあるが、村上は小さい振り幅でボールを捉えにいき、捉えたところからの押し込みとフォロースルーの大きさでボールを遠くへ運ぶ。一言で言えばスランプが少ないタイプ。

山田が右打者、村上が左打者で、山田は盗塁王も狙える二塁手、村上は三冠王も狙える三塁手と、見える部分が好対照で、古い野球ファンには巨人V9のON砲を想起させる。山田は昨年の大スランプがあるから序盤から飛ばしていくだろう。考えてみれば、この2人が絶好調の状態で噛み合ったことはまだ一度もない。青木が元気なうちに2人が噛み合ったら、この打線の得点力はもの凄いことになる。塩見の一本立ち、内川の加入による化学反応、これに実力が予測できない新外国人の活躍が重なったら……。前評判が低いチームだからよさをできるだけ集めようと思ったら、とんでもないことになってしまった。

ピッチングスタッフ分析

投手陣再生のキーポイントは死球

上位進出、と大声で言えないのは投手陣が弱いからだ。昨年のチーム成績は、防御率4・61が最下位（5位広島は4・06）、被本塁打139が最下位（5位中日は116本）、与四球404が5位（4位DeNAは392）、失点589が最下位（5位広島は529）だった。防御率4点台は広島とヤクルトだけ、与四球400台も広島とヤクルトだけ、失点500台も広島とヤクルトだけ。広島とヤクルトの低レベルの争いが各分野で見られ、その争いの中でもヤクルトは各分野で広島に少なくない差をつけられている。この状態は今年も続くのだろうか。

チーム成績を見て1つ引っかかったのが与死球の少なさだ。与死球28は広島、ロッテと並ぶ12球団最少。巨人59、ソフトバンク56にくらべればほぼ半分。19年は46個でリーグ5位だからやはり少ない。

90年代は体にぶつかるような内角球をめぐってたびたびトラブルのもとになった。手元の資料で調べたら、91年の与死球41はリーグ最多、92年の44、94年の43もリーグ最多だった。この90年代は野村克也監督のもと3回の日本一に輝いた全盛時代で、その牽引役を担

ピッチングスタッフ			
[先発]	[中継ぎ]	[抑え]	[その他]
小川　泰弘	清水　　昇	石山　泰稚	原　　樹理
スアレス	梅野　雄吾		吉田　大喜
奥川　恭伸	＊長谷川宙輝		高梨　裕稔
＊高橋　奎二	マクガフ		木澤　尚文
＊石川　雅規	＊寺島　成輝		＊山野　太一
スニード	星　　知弥		

＊は左投げ

ったのが古田敦也捕手。現在のヤクルトバッテリーに何が足りないか一目瞭然ではないか。

昨年の投手陣で与死球が多かったのはスアレスの6個だ。スアレスは与四球率も3・61とまあまあ低いので、コントロールの悪さが死球に結びついたのではないことがわかる。打者に踏み込みを許さないという強い意思で内角球を投げ込んでいたのだ。

今季の先発陣は小川を筆頭にスアレス、新外国人のスニード、石川雅規までが安定勢力。あとの陣容は予想がつかない。

弱投の救世主になるとしたら2年目の奥川恭伸しかいないだろう。高校卒2年目の本格派で、19年夏の甲子園大会では星稜高のエースとしてチームを準優勝に導いている。鮮烈だったのが3回戦の智弁和歌山高戦の快投だ。延長14回を投げ抜いて、球数は165。そのうちストレートが79球あり、その平均スピードは150・1キロだった。

プロの世界でも100球以上投げて、ストレートの平均が1

50キロを超える投手は少ない。さらに最大の武器はストレートではなく、打者の手もとで鋭く横変化するスライダー。このときのままでもプロで通用すると思ったほどで、あれから2年経ってどれくらい成長したのか非常に楽しみ。

また、村上の活躍が奥川の1位指名につながったのなら、奥川の活躍は今後の高校生投手の指名につながっていくのではないか。さらに在籍している高校卒、寺島、梅野、高橋奎、長谷川宙輝《ひろき》などの奮起もうながすかもしれない。

もう1回、昨年の成績を振り返ってみよう。チーム完投数はわずか1回だけで、2番目に少ないのが巨人とDeNAの4回だった。パ・リーグではやはりチーム防御率がリーグ最下位(4・28)の西武が1回で、抑えにヤクルトが石山、西武が増田達至《たつし》という信頼できる投手がいるところも似ている。

似ているヤクルトと西武の最も違うところが中継ぎ陣である。新人王の平良《たいら》海馬《かいま》、森脇亮介、小川龍也、平井克典、ギャレットが揃う西武に対して、ヤクルトのリリーフで防御率2点台なのは寺島(2・48)だけ。石山につなぐ中継ぎ陣がもう少し整備されたら、今年のヤクルトはAクラスを望めるかもしれない。

ドラフト分析

投手は即戦力、野手は将来性を重視して指名

東京六大学リーグの左腕、早川隆久（早稲田大）を**1位**で入札し、抽選で外すとこれまた同リーグの左腕、鈴木昭汰《しょうた》（法政大）を指名し、これも外すと精魂尽き果てたか同リーグの右腕、**木澤尚文**（慶應大）を指名した。チーム内の左腕は41歳になる石川雅規の2勝以外、高橋奎二、寺島成輝、長谷川宙輝の各1勝のみ（現役引退した中澤雅人も1勝）。ファームでも左腕が挙げた総勝ち星は7勝で、そのうち2勝は戦力外になった山田大樹が挙げたもの。ドラフトで左腕を指名し続ける気持ちはわからないでもない。

1位木澤は慶應高時代から本格派で知られていた。16年春の神奈川大会準々決勝、桐光学園戦を見たときはストレートの最速が140キロ。変化球は縦に割れるカーブ、シュート回転で落ちるチェンジアップにキレがあり、一塁に走者を置いたときのクイックが1・1秒台で、けん制球も速かった。

慶大に進むと2年秋から本格的にリーグ戦のマウンドに上がり、4年春は新型コロナウイルスの影響で各校と1試合ずつ、合計5試合しか戦わない中で立教大、早大に勝って2勝0敗、秋は7試合に投げて2勝1敗、リーグ通算成績は7勝2敗、防御率2・98と平凡

だ。直近で見たのは20年秋の立大1回戦で、このときは7回投げて6失点という乱調ぶりだった。それでもストレートは最速152キロを計測し、バント（ファール）のときの一塁到達が3・99秒と速く、投手らしからぬ俊足に注目した。

ストレートが速いので投球の主体はストレートと思われそうだが、立大戦の投球は大きい落差のカーブに140キロ台前後で縦変化するカットボール、フォークボールなどが主体で、奪三振は5にとどまった。即戦力というより来年以降に期待した指名だろう。

2位山野太一（東北福祉大・投手）は高川学園高時代の16年夏の甲子園大会に出場し、1回戦で対戦した履正社高に1対5で敗れている。4番の安田尚憲（ロッテ）には第2、4打席で二塁打を打たれ力負けした印象だが、観戦ノートには「167センチは信じられない」と書いている。体格だけで技巧派とくくれない本格派ぶりに注目したのである。また下半身主導の投球モーションを見て「これを寺島にやってもらいたい」ともある。寺島とは現在、ヤクルトに所属している寺島成輝のことである。

東北福祉大では1年春に早くも4勝して優秀新人賞、18年春にはベストナインを受賞、19年春は最優秀賞投手賞、最高殊勲選手賞、ベストナインを総なめにし、19年秋、20年秋は最優秀投手賞に輝いている。自己最速150キロと紹介される速いストレートは見たことがなく、3年秋の明治神宮大会1回戦、東海大戦の147キロが私の見た最速である。

よく見えたのは19年の全国大学野球選手権（以下、大学選手権）2回戦の創価大戦で、このときのストレートの最速は144キロで、ともに120キロ台前半の大きく縦に割れるスライダーとチェンジアップはストレートを速く見せ、さらに100キロ台のカーブを交えて打者を惑わせた。

投球フォームは高校時代と同じく下半身主導。山野の最大の武器とも言える内角攻めを可能にしたファクターと言っていい。東海大戦の5回には俊足の9番打者のゴロを鋭くダッシュして好捕、グラブトスでアウトにしている。このときの9番打者の一塁到達は友人の計測で3・58秒だったのでぎりぎりのプレーだったことがわかる。

3位内山壮真（星稜高・捕手）は2年夏までの遊撃手だったが、秋の新チームになって捕手に転向した。遊撃手としては甲子園で軽快なフィールディングを再三見せていた。19年夏は決勝までの6試合に4番として出場し、打率・385、本塁打2、打点4の好成績でチームを準優勝に導いた。3回戦の智弁和歌山高戦は小林樹斗（広島4位）から1回にレフト前ヒット、決勝では履正社高の好左腕、清水大成から第1、2打席でヒットを放っている。

早い始動で前足を引いて、ステップする間合を慎重に図り、上半身は低い位置でバットを構え、打ちにいく直前のトップという位置で上げてボールを上から捉えようとする。緩急対応のバッティングスタイルと言ってもよく、準々決勝の仙台育英高戦では8回表に速球派の大栄《おおさかえ》陽斗《あきと》が投じた106キロのカーブをレフトスタンドに放り込んでいる。

新チームで臨んだ19年秋の明治神宮大会1回戦、明徳義塾高戦では捕手として4番に座り、2安打、1打点を記録している。捕手としてはイニング間の二塁送球タイムが最速1・88秒を計測し、超高校級の強肩を証明。二塁走者へのけん制では1・96秒、さらに5回に二盗を企図した走者は2・06秒で殺している。数年後にレギュラーを狙える好素材であることは間違いない。

軽快さと堅実さを兼ね備えた大学ナンバーワンのショート、と謳われていたのが**4位**の**元山《もとやま》飛優《ひゆう》**（東北福祉大・遊撃手）だ。19年の大学選手権2回戦、創価大戦では1回に2番打者が放ったセンターへ抜けるような鋭い打球を軽快なフィールディングで処理し、前評判の高さに納得した。

仙台六大学リーグでは18年春、19年春、20年秋にベストナインを獲得、18年春の打率・486、打点12はリーグ1位で、最優秀選手賞も受賞している。ただ、全国大会の大学選手権、明治神宮大会では目をみはる活躍はしていない。テークバック時のバットの引きが大きく、これが投手の球に差し込まれる一因と思われる。

足は速い。18年の大学選手権準決勝、慶大戦では第1打席の一塁ゴロで一塁到達が4・

28秒、第5打席の三塁ゴロで4・17秒、19年の準々決勝、佛教大戦では第1打席のショートゴロで一塁到達が4・20秒だった。即戦力候補と言っていい。

5位並木秀尊《ひでたか》（獨協大・外野手）は足の速さで指名された。19年秋に行われた侍ジャパン大学代表の選考合宿では50メートル走のタイムが手動で5・32秒を計測。一歩目の着地からの計測だが、驚くべき脚力である。20年秋の首都大学リーグ2部の明星大戦では第1打席でレフト前ヒットを放ち、2番打者の初球に二盗を成功。このときの始動から二塁ベース到達までが私の計測で3・09秒という速さだった。12日前の東都大学リーグで中央大の五十幡《いそばた》亮汰《りょうた》（日本ハム2位）が3・07秒を計測しているが、ともにとんでもない記録である。バッティングに安定感が出てくれば一軍でも出番があるだろう。

6位嘉手苅《かてかる》浩太《こうた》（日本航空石川高・投手）は20年夏の甲子園交流試合、鶴岡東高戦で5回投げ、4失点で降板した。それでも１９１センチ、１０５キロの体格を利したボールの角度や、最速１４８キロを計測するストレートに威力を秘め、打者の近くで小さく変化するツーシームやカットボールも評価される一因。投球フォームに悪いクセはないが、ステップに粘りがなく、上半身主導になっているところに物足りなさもある。もう半足分、ステップを広げるだけで印象はだいぶ変わってくるはずだ。

著者略歴――――
小関順二　こせき・じゅんじ
スポーツライター。1952年神奈川県生まれ。日本大学芸術学部文芸学科卒業。プロ野球のドラフト（新人補強）戦略の重要性に初めて着目し、野球メディアに「ドラフト」というカテゴリーを確立した。2000年より年度版として刊行している『プロ野球 問題だらけの12球団』シリーズのほか、『プロ野球 問題だらけの選手選び―あの有名選手の入団前・入団後』『甲子園怪物列伝』『「野球」の誕生 球場・球跡でたどる日本野球の歴史』（いずれも草思社）、『ドラフト未来予想図』（文藝春秋）、『野球力ストップウォッチで判る「伸びる人材」』（講談社＋α新書）、『間違いだらけのセ・リーグ野球』（廣済堂新書）、『プロ野球戦国時代！』（学陽書房）、『大谷翔平 日本の野球を変えた二刀流』（廣済堂出版）など著書多数。CSテレビ局スカイ・A sports＋が中継するドラフト会議の解説を1999年以降、フレッシュオールスターゲームのゲスト解説を2010年以降務めている（同ドラフト会議の中継は20年度の衛星放送協会オリジナル番組アワード「番組部門中継」の最優秀賞を受賞。同オールスターゲームは、20年度は新型コロナウイルスの影響で中止）。15年4～7月に、旧新橋停車場 鉄道歴史展示室で行われ好評を博した「野球と鉄道」展の監修を務める。

2021年版
プロ野球 問題だらけの12球団

2021年3月5日　第1刷発行

著　者　小関順二
デザイン　あざみ野図案室
発行者　藤田　博
発行所　株式会社 草思社
〒160-0022　東京都新宿区新宿1-10-1
電話　営業 03(4580)7676　編集 03(4580)7680

本文組版　有限会社 一企画
本文印刷　株式会社 三陽社
付物印刷　株式会社 暁印刷
製本所　株式会社 坂田製本

ISBN978-4-7942-2508-5 Printed in Japan　検印省略